에어프라이어 레시피 100

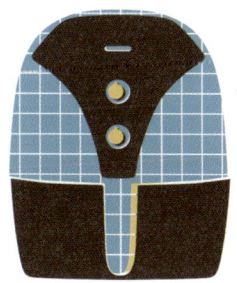

에어프라이어 요리 시작 전 꼭 기억해주세요

1.
에어프라이어에 **따라 온도와 시간 가감**하기

다양한 에어프라이어 모델 중 본 책에서 사용한 제품은
에어프라이어의 원조로 꼽히는 필립스의 HD9643/95, HD9227입니다.
공기의 대류열을 이용하는 기계 원리 상 조리 온도와 시간은 비슷하나
용량, 열전도율, 공기 회전속도의 차이로 인한 편차가 생길 수 있으니
요리의 상태를 보면서 온도와 조리 시간을 가감해 사용하세요.

2.
사용하는 기름의 양은 **기호에 따라 조절**하기

에어프라이어 요리는 일반적인 튀김 요리에 비해 기름을 적게
사용해 열량(kcal)을 낮출 수 있다는 장점이 있습니다. 하지만 기름의
사용량을 과도하게 줄이면 요리가 마르거나 건조해집니다. 본 책에서
사용하는 기름의 양은 재료가 골고루 익는 적당량을 제안했으나
취향에 따라 조금 더 고소하게 즐기고 싶다면
기름의 양을 추가로 늘려 사용해도 좋습니다.

책 100% 활용하기

책의 구성요소를 확인, 자신의 상황에 맞는 에어프라이어 요리를 시작해보세요.

1. 에어프라이어에 대해 조금 더 잘 알아보세요

에어프라이어를 구입 후 사용하지 않고 묵혀놨거나, 자주 사용하면서도 잘 몰랐던 사용자들을 위해 에어프라이어의 다양한 정보를 담았습니다.

알맞은 에어프라이어 선택하기

에어프라이어를 구입하기 전 어떤 제품을 사야할 지 고민된다면? 가족 구성원의 수에 따라 에어프라이어를 고르는 법을 고려해보세요.

1인 가구
자취생 및 1인 가구의 필수템으로 인근힘만 한 활용도가 높아요. 단, 1인 가구의 특성상 부엌의 크기가 작은 경우가 많으며 넘치가 크거나 고기의 제품은 부담스러울 수 있어요. 2~3L정도의 용량에 가격 접근성이 좋은 3~5만원대의 소형 에어프라이어를 먼저 사용해보길 추천해요

2인 가구
부부로 대표되는 2인 가구. 저녁 식사만 같이 하는 경우가 많고, HMR(Home Meal Replacement; 가정식 대체식품) 식품의 의존도도 높은 편이에요. 때문에 무엇보다 고기류, 만두류, 냉동 식용유를 잘 활용하는 가구이기도 하지요. 요리의 빈도 수에 따라 에어프라이어의 용량을 정하고 심플하거나 컬러감이 있는 에어프라이어 디자인을 고려해도 좋아요.

3인 가구 이상
3~7L상의 대용량 제품을 추천해요. 그러나 이미 기천 제품들이 포함되었다면 친자가 고민이 필요해요. 대용량 에어프라이어는 왠만한 밥솥보다 크기가 커서 활용도가 낮답니다. 이외에도 요리하는 본 사람이 쓰기 여러운 상황이라면 투명창으로 제품의 상태를 확인하기나 서로를 중간중간 섞어주는 에어프라이어도 있으니 위와 같은 기능을 가진 제품을 선택해도 좋아요.

에어프라이어 선택 시 고려해요

에어프라이어의 온도와 시간 조절은 크게 수동식 자동 두 가지 형식으로 구분되어 있어요. 수동 방식은 다이얼로 조작이 쉽고 간단하지만 온도나 시간 설정 세밀하지 않아요. 디지털 방식은 버튼으로 정확한 시간 설정과 미세한 온도 조절이 가능하다는 장점이 있으나 수동에 비해 가격이 높은 편이에요. 아외에도, 버스체일 열면 온도와 시간이 다시 제로로 세팅되는 제품들도 있으니 요리를 중간중간 자주 확인하고 싶다면 이런 제품은 피하는 게 좋아요.

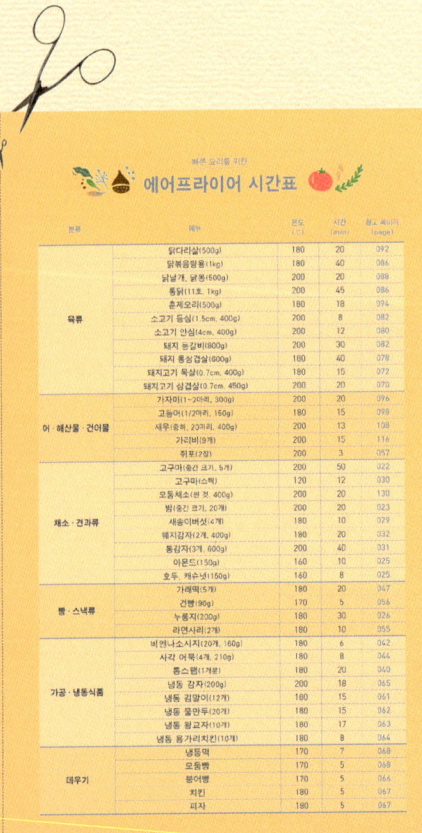

2. 일상 재료로 다양한 응용이 가능해요

쉽게 구할 수 있는 일상 재료를 사용해 책의 실용성을 높이고 경제적인 레시피를 제안합니다. 여기에 절취가 가능한 **'에어프라이어 시간표'** 를 구성, 냉장고에 붙여 사용할 수 있게 해 활용도를 높였습니다.

3. 에어프라이어의 온도, 시간, 도구에 대한 가이드를 제시했어요

온도, 시간, 도구 아이콘을 통해 각 레시피를 직관적으로 이해하고 활용할 수 있게 했습니다. 특히 뒤집거나 섞어야 하는 재료는 **시간의 변화를** ▶ **화살표로 체크**해 편리함을 더했습니다.

4. 난이도에 따른 에어프라이어 요리를 즐겨보세요

간단하게 만들 수 있는 **'쉽고 빠른 간단 레시피'**부터 당신의 요리 스킬을 높일 수 있는 **'조금 더 특별한 레시피'**까지 상황에 맞는 요리를 선택할 수 있습니다.

07

Contents

005 ▸ 에어프라이어 요리 시작 전 꼭 기억해주세요

006 ▸ 책 100% 활용하기

Intro

에어프라이어 생활 시작하기

013 ▸ 에어프라이어 쉽게 이해하기

016 ▸ 알맞은 에어프라이어 선택하기

017 ▸ 에어프라이어 똑똑하게 사용하기

　　　이 책에서 사용한 기본 조리법

　　　청결하게 사용하는 청소, 세척법

　　　성공적인 요리를 위한 계량법

Part 1
쉽고 빠른 간단 레시피

- 021 ▶ 구운 달걀
- 022 ▶ 군고구마
- 023 ▶ 군밤
- 024 ▶ 마늘칩
- 025 ▶ 구운 견과류
- 026 ▶ 납작 누룽지
- 027 ▶ 선드라이 방울토마토
- 028 ▶ 단호박구이
- 029 ▶ 새송이 통구이
- 030 ▶ 고구마스틱
- 031 ▶ 통감자 버터구이
- 032 ▶ 웨지감자
- 033 ▶ 감자튀김
- 034 ▶ 주키니스틱
- 035 ▶ 어니언링
- 036 ▶ 양송이튀김
- 037 ▶ 마약 옥수수
- 038 ▶ 옥수수알튀김
- 039 ▶ 생돈가스
- 040 ▶ 스팸 통구이
- 041 ▶ 스팸스틱
- 042 ▶ 비엔나소시지구이
- 043 ▶ 미니 핫도그
- 044 ▶ 어묵튀김
- 045 ▶ 스트링치즈스틱
- 046 ▶ 베떡베떡
- 047 ▶ 가래떡구이
- 048 ▶ 마요 달걀토스트
- 049 ▶ 달걀빵
- 050 ▶ 구운 꿀호떡
- 051 ▶ 식빵러스크
- 052 ▶ 마늘바게트
- 053 ▶ 또띠아 깨칩
- 054 ▶ 만두피추로스
- 055 ▶ 라면땅
- 056 ▶ 두 가지 맛 튀김건빵

Contents

- 057 ▶ 쥐포구이
- 058 ▶ 황태까까
- 059 ▶ 반건조 오징어구이
- 060 ▶ 버터오징어
- 061 ▶ 냉동 김말이튀김
- 062 ▶ 냉동 팝만두
- 063 ▶ 냉동 왕교자튀김
- 064 ▶ 냉동 용가리치킨
- 065 ▶ 냉동 감자튀김
- 066 ▶ 붕어빵 데우기
- 067 ▶ 피자 데우기
- 067 ▶ 치킨 데우기
- 068 ▶ 냉동 떡 데우기
- 068 ▶ 모둠 빵 데우기

Part 2
조금 더 특별한 레시피

- 070 ▶ 소금&유자간장 삼겹살구이
- 072 ▶ 고추장 목살구이
- 074 ▶ 양념 등갈비 떡구이
- 076 ▶ 데리야키 막창구이
- 078 ▶ 통삼겹살구이
- 080 ▶ 안심스테이크
- 082 ▶ 스테이크화지타
- 084 ▶ 버터구이 통닭
- 086 ▶ 누룽지 콘치즈닭
- 088 ▶ 허니로스트 윙&봉
- 090 ▶ 코울슬로를 곁들인 치킨텐더
- 092 ▶ 인절미치킨
- 094 ▶ 고추절임소스를 곁들인 훈제오리구이
- 096 ▶ 가자미 버터구이
- 098 ▶ 대파소스 고등어구이
- 100 ▶ 삼치 칠리강정
- 102 ▶ 연어파피요트
- 104 ▶ 통오징어구이
- 106 ▶ 굴튀김

- 108 ▶ 갈릭버터 새우구이
- 110 ▶ 코코넛쉬림프
- 112 ▶ 조개 술찜
- 114 ▶ 멘보샤
- 116 ▶ 가리비 치즈구이
- 118 ▶ 속 채운 고추튀김
- 120 ▶ 스카치에그
- 122 ▶ 명란 주먹밥구이
- 124 ▶ 짜조
- 126 ▶ 청양 골뱅이튀김
- 128 ▶ 가지깐풍기
- 130 ▶ 모둠 채소구이
- 132 ▶ 꿀간장 두부강정
- 134 ▶ 베이컨 감자뢰스티
- 136 ▶ 게살 크림크로켓
- 138 ▶ 할라피뇨 콘치즈딥&나초
- 140 ▶ 고구마보트
- 142 ▶ 프리타타
- 144 ▶ 베이컨 롤토스트
- 146 ▶ 아보카도 베이컨보트
- 148 ▶ 몬테크리스토
- 150 ▶ 치즈 퐁듀토스트
- 152 ▶ 치아바타 마르게리타
- 154 ▶ 크림치즈 딸기파이
- 156 ▶ 단호박 브레드푸딩

- 158 ▶ 스콘
- 160 ▶ 양갱 찹쌀파이
- 162 ▶ 커피너트
- 164 ▶ 스모어
- 166 ▶ 브리치즈구이
- 168 ▶ 아이스크림을 얹은 바나나구이

- 170 ▶ 요리가 맛있어지는 5가지 소스
- 172 ▶ Index
- 173 ▶ 빠른 요리를 위한 에어프라이어 시간표

Intro

에어프라이어 생활 시작하기

생활필수품이 된 에어프라이어지만 아직도 잘 모르겠다면?
에어프라이어의 원리부터, 세대 구성에 맞는 에어프라이어 구입 요령과
조리 시 꼭 지켜야 하는 팁까지. 에어프라이어 요리를 시작하기 전에
읽어두면 좋은 정보를 담았습니다.

1.
에어프라이어 쉽게 이해하기

주방의 필수품으로 사랑 받는 에어프라이어Air fryer. 이 똑똑한 소형 가전 '에어프라이어'의
원리부터 장, 단점까지. 한번에 간단하게 짚어보세요.

에어프라이어 알아보기

에어프라이어는 대류열을 사용하는 '컨백션 오븐convection oven'과 동일한 원리로 만들어진 소형 가전 중 하나입니다. 에어프라이어는 크게 본체와 바스켓으로 구성되어 있습니다.

본체의 내부는 열선과 팬이 자리잡고 있는데, 열선에서는 뜨거운 열이 발생되고 부착된 팬이 공기를 순환시켜 뜨거운 열풍을 만들어 바스켓 안의 재료를 조리한답니다.

에어프라이어는 열풍으로 재료 표면의 수분을 증발시키고, 공기 순환이 빨라 바삭한 식감을 살린 요리에 적합합니다.

또한, 부피와 용량이 큰 오븐과 달리 부엌에서 큰 공간을 차지하지 않는 콤팩트한 사이즈, 온도, 시간 설정을 간단하게 조작할 수 있다는 간편함 때문에 소형 가전 시장에서 두각을 나타내고 있습니다.

에어프라이어 장, 단점 알아보기

쉽고 간편한 사용법, 빠른 조리 외에도 에어프라이어의 수많은 장점들과
사용하면서 고려해야 할 점들을 짚어두면 더욱 활용도 높게 사용이 가능합니다.

이런 점이 좋아요

- 딥 프라잉 Deep Frying 없이도 튀김 요리를 손쉽게 즐길 수 있어요.
- 튀김 요리 시 생기는 남은 기름을 처리할 필요가 없어요.
- 딥 프라잉 Deep Frying에 비해 기름 사용량이 적기 때문에 섭취 열량kcal을 낮출 수 있어요.
- 간단한 조작법으로 사용이 쉬워요.
- 전기 오븐 대비 공기 순환 기능으로 조리 시간이 짧아요.
- 조리 시 발생하는 연기, 냄새가 적어요.
- 조리 시 발생하는 기름 튐이 적어 부엌의 청결도가 높아져요.

이런 점은 고려해요

- 바삭한 식감이지만 딥 프라잉 Deep Frying한 튀김 요리와는 거리가 있어요.
- 대용량일수록 기계의 부피가 커 공간 활용도가 낮아요.
- 공기 회전으로 인한 소음이 있어요.
- 전력 소비량이 많은 편이에요.
- 바스켓 설거지, 열선 청소의 번거로움이 있어요.

2. 알맞은 에어프라이어 선택하기

에어프라이어를 구입하기 전 어떤 제품을 사야할 지 고민된다면? 가족 구성원의 수에 따라 에어프라이어를 고르는 법을 고려해보세요.

1인 가구

자취생 등 1인 가구의 필수템으로 언급될 만큼 활용도가 높아요.
단, 1인 가구의 특성상 부엌의 크기가 작은 경우가 많으니
덩치가 크거나 고가의 제품은 부담스러울 수 있어요.
2~3L의 용량에 가격 접근성이 좋은 3~5만 원대의
소형 에어프라이어를 먼저 사용해보길 추천해요.

2인 가구

부부로 대표되는 2인 가구. 저녁 식사만 함께 하는 경우가 많고,
HMR Home Meal Replacement; 가정식 대체 식품 식품의 의존도도
높은 편이에요. 때문에 무엇보다 고기류, 안주류,
냉동 식품류를 잘 활용하는 가구이기도 하지요.
요리의 빈도 수에 따라 에어프라이어의 용량을 정하고
심플하거나 컬러감이 있는 에어프라이어를 고려해도 좋아요.

3인 가구 이상

3~7L 이상의 대용량 제품을 추천해요.
그러나 이미 가전 제품들이 포화 상태라면 진지한 고민이
필요해요. 대용량 에어프라이어는 웬만한 밥솥보다 크기가 커
공간 활용도가 낮답니다. 이외에도, 요리에만 온 신경을 쓰기
어려운 상황이라면 투명창으로 재료의 상태를 확인하거나
재료를 중간중간 섞어주는 에어프라이어도 있으니
위와 같은 기능을 가진 제품을 선택해도 좋아요.

에어프라이어 선택 시 고려해요

에어프라이어의 온도와 시간 조작은 크게 수동과 자동 두 가지 형식으로 구분되어 있어요.
수동 방식은 다이얼로 조작이 쉽고 간단하지만 온도나 시간 설정이 세심하지 않아요.
디지털 방식은 버튼으로 정확한 시간 설정과 미세한 온도 설정이 가능하다는 장점이 있으나
수동에 비해 가격이 높은 편이에요. 이외에도, 바스켓을 열면 온도와 시간이 다시 제로로 세팅되는
제품들도 있으니 요리를 중간중간 자주 확인하고 싶다면 이런 제품은 피하는 게 좋아요.

3. 에어프라이어 똑똑하게 사용하기

에어프라이어라는 가전의 특성을 살린 조리법, 청소법, 도구 사용법,
계량법을 통해 에어프라이어의 활용도를 더 높여보세요.

이 책에서 사용한 기본 조리법

책에 사용한 모든 레시피는 아래의 기준 하에 조리되었습니다.
놓치기 쉬운 조리법을 숙지해, 더욱 맛있는 에어프라이어 요리를 만들어보세요.

재료는 최대한
뭉치지 않게 펼쳐요

빵가루를 사용한 요리와 튀김 요리의 경우 재료끼리 닿지 않도록 간격을 두세요. 재료가 겹친 부분은 뜨거운 공기가 충분히 닿지 않기 때문에 눅눅한 느낌이 날 수 있답니다. **바삭한 식감의 요리를 원한다면 재료가 뭉치지 않게 넓게 펼쳐주세요.** 소용량 에어프라이어의 경우 1~2회에 나눠 굽거나 튀겨주세요.

기름은 골고루
충분하게 뿌려요

에어프라이어 튀김 요리는 튀김의 상징이라 할 수 있는 골든 브라운 golden brown 색이 잘 나지 않아요. 사용되는 기름의 양이 적기에 색이 고르게 나지 않는 것이지요. 여분의 기름은 조리 시 바스켓 하단의 기름받이 부분으로 빠지니 특별히 기름에 대한 거부감이 있지 않다면 **기름은 골고루 충분히 뿌려주어야 맛있는 요리를 완성할 수 있어요.**

요리의 상태는
중간중간 확인해요

에어프라이어는 뜨거운 공기로 익히기 때문에 팬 조리에 비해 요리를 많이 뒤집을 필요가 없어요. 그래도 열선이 상단에 있기 때문에 골고루 익히기 위해서는 요리에 따라 뒤집어주는 게 필요해요. **재료의 크기, 두께에 따라 제안한 시간에 비해 빨리 익거나 늦게 익을 수 있으니 바스켓을 열어 상태를 중간중간 확인해가며 조리하세요.**

알아두면 좋은 도구 사용법

내열 그릇
오븐 사용이 가능한 내열 그릇은 모두 사용 가능해요.
단, 두께가 두꺼운 그릇의 경우 아래쪽이 잘 익지 않을 수 있으니 피하는 것이 좋아요.

종이포일
에어프라이어 요리의 필수품. 재료를 올려 굽거나 봉지 형태로 말아 사용해요. 간단한 베이킹을 할 때에는 유산지 대용으로 사용이 가능하답니다.

오일 스프레이
소량의 기름을 골고루 분사할 수 있어요. 오일 스프레이가 없다면 가정에 있는 조리용 붓이나 숟가락을 사용해 기름을 발라도 큰 차이가 없답니다.

청결하게 사용하는 청소, 세척법

에어프라이어 외부는 닦기만해도 충분히 관리가 가능하지만 내부는 세심한 청소가 필요해요.
사용설명서에 기재된 청소법을 따르되 아래의 청소법의 유의사항을 잊지 마세요.

 열선 청소하기

기름이 튄 정도라면 열선이
완전히 식은 후 키친타월이나
마른 행주를 사용해 닦아요.

열선에 음식물이 들러 붙은 경우
부드러운 솔로 털어내고
행주를 사용해 닦아요.
철 수세미는 열선의 코팅을 벗기거나
제품의 손상을 줄 수 있으니
피해주세요. 물기가 남았다면
키친타월을 사용해 제거해요.

바스켓 청소하기

바스켓은 요리 직후 본체와
분리한 후 세척해요.

바스켓에 따뜻한 물과 소량의
주방 세제를 넣고 10분 이상
담가 기름때를 불린 후 부드러운
스폰지를 사용,
앞뒤로 뒤집어가며 세척해요.
깨끗해지면 마른 행주를 사용해
물기를 빠르게 제거해요.

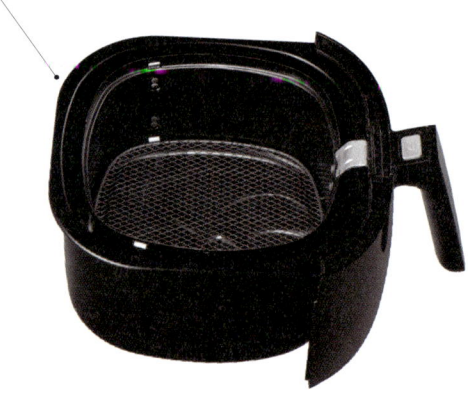

구입 후 공회전을 잊지마세요

새 에어프라이어를 바로 사용하면 기계에 남아있던 잔여 불순물로 인한 냄새 등이 날 수 있답니다.
공회전을 통해 불순물과 냄새를 태우는 게 중요해요. 보통 200℃에서 약 5분 이상 작동하면
되는데 구입한 제품에 따라 다를 수 있으니 사용설명서에 따라 꼭 공회전 후 사용하세요.

성공적인 요리를 위한 계량법

본 책의 레시피는 모두 계량스푼 기준으로 되어있으나,
가정용 밥숟가락으로도 계량이 가능하니 참고해 사용하세요.

계량스푼

1큰술=1TS=15ml
=밥숟가락 기준 약 1과 1/2큰술

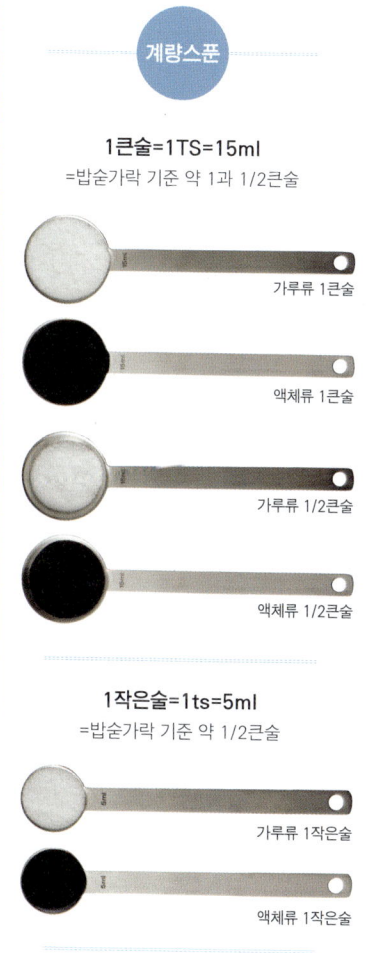

가루류 1큰술
액체류 1큰술
가루류 1/2큰술
액체류 1/2큰술

1작은술=1ts=5ml
=밥숟가락 기준 약 1/2큰술

가루류 1작은술
액체류 1작은술

밥숟가락 1큰술=10ml

계량컵

1컵(C)=200ml
=종이컵 1컵

Tip
이렇게 계량해요
액체 가득 담기
알갱이류 | 가루 | 장류 가득 담아 윗면 깎기

전자 저울

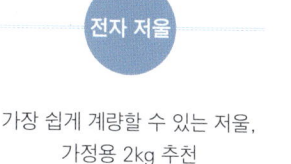

가장 쉽게 계량할 수 있는 저울,
가정용 2kg 추천

PART 1

쉽고 빠른
간단 레시피

에어프라이어를 구매한 후에 가장 많이 만들게 되는
〈쉽고 빠른 간단 레시피〉입니다. 넣고 돌리기만 해도 완성되는 간식들과
약간의 킥으로 색다른 맛을 내는 심플한 요리들을 담았습니다.
여기에, 에어프라이어의 단짝 친구인 냉동식품을 데우는
최적의 온도와 시간을 제안합니다. 식어버린 치킨, 피자도
심폐소생 시키는 데우기 시간도 꼭 기억하세요.

80 ▶ 100 ▶ 120℃

 10 ▶ 10 ▶ 20min

철망

구운 달걀

맥반석 달걀처럼 쫄깃한 식감이 살아있는 구운 달걀. 갓 구운 달걀은 수분이 빠져 수축되어 있기 때문에 찬물에 10분간 담그면 껍질을 잘 벗길 수 있어요.

• 달걀 8개

1. 달걀은 실온에 1시간 이상 꺼내둔다.
2. 80℃에서 10분 ▶ 100℃에서 10분 ▶ 120℃에서 20분간 굽는다.

200°C

50min

철망

군고구마

구워질 때 나는 특유의 달콤한 향 때문에 더 사랑 받는 군고구마.
조금은 탄듯한 느낌이 나는게 좋다면 취향에 따라 굽는 시간을 조절해보세요.

- **고구마 5개(중간 크기)**

1. 고구마를 넣고 200°C에서 40~50분간 굽는다.

Tip
젓가락으로 가장 두꺼운 부분을 찔렀을 때
부드럽게 들어갈 때까지 익혀요.

군밤

군밤을 만들 때에는 밤을 물에 충분히 불려 구워야 속살이 마르지 않아요.
또한 밤의 둥근 부분에 칼집을 확실히 내줘야 구울 때 터지지 않는답니다.

200℃

20min

철망

- 밤 20개

1. 밤은 찬물에 30분간 담가 불린 후 열십자(+)로 칼집을 낸다.
2. 200℃에서 20분간 굽는다.

Tip
밤은 오래 구우면 속살이 딱딱하게
건조되거나 질겨질 수 있어요.

마늘칩

마늘칩은 한번 만들어 두면 샐러드, 피자, 파스타 등 토핑으로 뿌려 먹을 수 있어 활용도가 높아요. 밀폐용기에 넣어두면 장기간 보관이 가능하답니다.

- 마늘 20쪽(100g)

1. 마늘은 최대한 얇게 썰어 찬물에 30분간 담가 중간중간 물을 갈아가며 쓴맛을 뺀다.
2. 체에 받쳐 물기를 최대한 제거한 후 철망에 얇게 펼친다.
3. 120℃에서 15분 ▶ 섞어 15분간 노릇하게 구워 펼쳐 식힌다.

구운 견과류

바로 볶아 더욱 신선하고 고소한 맛을 느낄 수 있는 구운 견과류. 크기가 작고 온도에 민감해 금세 타버리기 때문에 중간중간 바구니를 흔들어주며 섞어줘야 골고루 구워진답니다.

160℃

10min

철망

- 생 아몬드
  (또는 호두, 캐슈넛)
  150g

1. 생 아몬드를 넣고 160℃에서 10분간 굽는다.

   Tip
   호두와 캐슈넛은 아몬드에 비해 금방 구워져요. 8분 정도 굽고 색을 보며 시간을 가감해 구워요.

납작 누룽지

식은 밥을 처리하기 좋은 누룽지입니다. 에어프라이어에 구운 누룽지는 시간이 지나도 눅진해지지 않아요. 완성된 누룽지는 끓여서 간단한 한 끼 식사로 즐겨보세요.

- 밥 200g

1. 종이포일에 밥을 올린 후 숟가락 뒷면으로 눌러가며 0.5cm 두께로 넓게 편다.
2. 180℃에서 20분 ▶ 뒤집어 10분간 노릇하게 굽는다.

선드라이 방울토마토

건조시킨 방울토마토는 샌드위치나 파스타 등에 활용하기 좋아요. 유리병에 잠길 만큼의 올리브유와 허브를 넣고 보관하면 장기 보관이 가능할 뿐 아니라 풍미도 진해진답니다.

- 방울토마토 20개
- 올리브유 2작은술
- 통후추 간 것 약간

1. 방울토마토는 2등분한 후 볼에 모든 재료를 넣고 가볍게 버무린다.
2. 썬 단면이 위로 가도록 펼쳐 120℃에서 50분간 말리듯 굽는다.
3. 한 김 식힌 후 밀폐용기에 담아 냉장 보관한다.

180℃

10 ▶ 10min

철망

단호박구이

소금을 약간 더하면 단맛이 더 강해지는 단호박구이입니다. 취향에 따라 얇게 썰거나 더 노릇하게 구워도 좋아요. 도톰하게 썬다면 온도는 동일하게 맞추고 시간만 늘려 구워요.

- 단호박 1/2개(400g)
- 소금 약간

1. 단호박은 반으로 갈라 씨를 제거한 후 1.5cm 두께로 썬다.
2. 180℃에서 10분 ▶ 뒤집어 10분간 노릇하게 굽는다.
3. 그릇에 담고 소금을 뿌린다.

새송이 통구이

새송이버섯을 통으로 구워
촉촉한 채즙과 버섯 특유의 쫄깃함을
동시에 느낄 수 있답니다.
모양대로 썰면 더욱 쫄깃해요.

- 새송이버섯 4개

  들기름장
- 들기름 2큰술
- 소금 1/2작은술

1. 새송이버섯을 넣고 180℃에서 5분 ▶ 뒤집어 5분간 노릇하게 굽는다.
2. 그릇에 담고 들기름장을 곁들인다.

180°C

10 ▶ 2min

철망

고구마스틱

아작아작 씹는 재미가 있는 고구마스틱입니다. 뜨거울 때보다 한 김 식힌 후 먹으면 더욱 바삭하게 즐길 수 있어요. 보관할 경우 질겨지기 때문에 1회분씩 만드는 게 좋아요.

- 고구마 2개(400g)
- 식용유 2큰술

1. 고구마는 껍질을 벗긴 후 0.5cm 두께로 채 썰어 흐르는 물에 2~3회 헹군다.
2. 찬물에 30분간 담가 중간중간 물을 갈아가며 전분기를 뺀 다음 물기를 최대한 제거한다.
3. 식용유에 버무려 180°C에서 10분 ▶ 섞어 2분간 노릇하게 구운 후 펼쳐 한 김 식힌다.

통감자 버터구이

버터와 꿀을 넣어 달콤한 풍미를 느낄 수 있는 통감자 버터구이입니다. 버터 대신 사워크림이나 그릭요거트, 베이컨칩을 올려 색다르게 즐겨보세요.

200°C

40min

철망

- 감자 3개(600g)
- 올리브유(또는 식용유) 3큰술

  토핑
- 버터 6큰술(60g)
- 꿀 3큰술(기호에 따라 가감)
- 소금 약간
- 통후추 간 것 약간

1. 감자의 중간 부분까지 열십자(+)로 깊게 칼집을 낸 후 올리브유를 바른다.
2. 200°C에서 30~40분간 굽는다.
3. 감자의 윗면을 숟가락 뒷면으로 눌러 틈을 벌린 후 토핑 재료를 나눠 올린다.

Tip
젓가락으로 찔렀을 때 부드럽게 들어갈 때까지 구워요.

웨지감자

180°C

15 ▶ 5min

종이포일

매콤한 맛이 입맛을 당기는 웨지감자입니다. 일반적으로 웨지감자에는 파프리카파우더, 케이언페퍼를 사용하지만 고춧가루로 대체해 사용해도 좋아요.

- 감자 2개(400g)
- 파마산 치즈가루 2큰술
  (기호에 따라 가감)

양념
- 식용유 2큰술
- 소금 1작은술
- 설탕 1작은술
- 고운 고춧가루(또는 파프리카파우더) 2작은술
- 통후추 간 것 약간

1. 감자는 웨지 모양으로 썬다.
2. 볼에 양념 재료, 감자를 넣고 섞는다.
3. 180°C에서 15분 ▶ 뒤집어 5분간 노릇하게 굽는다.
4. 그릇에 담고 파마산 치즈가루를 뿌린다.

감자튀김

한번 손을 대면 멈출 수 없는 수제 감자튀김입니다. 국내산 감자는 수분 함량이 높아 바삭하게 튀기기 힘들어요. 이때는 튀김가루를 조금 넣으면 바삭함을 더할 수 있어요.

- 감자 2개(껍질 벗긴 것, 400g)
- 식용유 2큰술
- 튀김가루 3큰술
- 소금 약간
- 통후추 간 것 약간

1. 감자는 껍질을 벗긴 후 1cm 두께로 채썰어 흐르는 물에 2~3회 헹군다.
2. 찬물에 30분간 담가 중간중간 물을 갈아가며 전분기를 뺀 다음 물기를 최대한 제거한다.
3. 위생팩에 감자, 식용유를 넣고 버무린 후 튀김가루를 넣어 흔들어 섞는다.
4. 200℃에서 10분 ▶ 섞어 10~12분간 노릇하게 튀긴다.
5. 뜨거울 때 소금, 통후추 간 것을 뿌린다.

주키니스틱

치즈가루를 더해 고소한 맛이 더욱 좋은 주키니스틱이에요. 수분이 많은 애호박보다 서양호박인 주키니를 사용하면 더욱 바삭하고 색다른 맛을 느낄 수 있답니다.

180℃

10 ▶ 6min

철망

- 주키니 1/2개(250g)
- 밀가루 1큰술
- 달걀물 1개분
- 빵가루 3/4컵(약 40g)
- 파마산 치즈가루 1/4컵
- 소금 1/2작은술

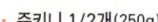

1. 주키니는 웨지 모양으로 썬다. 빵가루와 파마산 치즈가루는 섞어 준비한다.
2. 위생팩에 주키니, 밀가루, 소금을 넣고 흔들어 섞는다.
3. 달걀물 ▶ 빵가루 순으로 묻힌다.
4. 180℃에서 10분 ▶ 뒤집어 5~6분간 노릇하게 튀긴다.

어니언링

카레가루를 넣어 채소를 싫어하는 아이들도 잘 먹을 수 있어요. 재료 자체의 기름기가 없는 경우에는 빵가루에 기름을 넣어 섞은 후 사용하면 더 바삭한 식감을 낼 수 있답니다.

- 1cm 두께로 썬 양파 1개분(200g)
- 밀가루 2큰술
- 카레가루 1큰술
- 달걀물 1개분
- 빵가루 1과 1/2컵(75g)
- 말린 허브가루 1작은술(생략 가능)
- 식용유 1큰술

1. 볼에 빵가루, 말린 허브가루, 식용유를 넣어 비벼가며 섞는다.
2. 위생팩에 링 모양으로 썬 양파, 밀가루, 카레가루를 넣고 흔들어 섞는다.
3. 달걀물 ▶ ①의 빵가루 순으로 묻혀 180℃에서 10분간 노릇하게 튀긴다.

180℃

10min

철망

180°C

10 ▶ 5min

철망

- 양송이버섯 8개(160g)
- 밀가루 1큰술
- 달걀물 1개분
- 빵가루 1컵(50g)
- 식용유 2큰술
- 소금 약간(기호에 따라 가감)

1. 양송이버섯은 2등분한다.
   위생팩에 양송이버섯, 밀가루를 넣고 흔들어 섞는다.
2. 달걀물 ▶ 빵가루 순으로 묻힌 후 식용유를 뿌린다.
3. 180℃에서 10분 ▶ 뒤집어 5분간 노릇하게 튀긴 후 소금을 뿌린다.

양송이튀김

양송이버섯의 새로운 매력을 발견할 수 있는 양송이튀김이에요.
뜨거울 때 소금만 살짝 뿌려 먹으면 특유의 감칠맛을 느낄 수 있는 메뉴랍니다.

마약 옥수수

중독적인 맛으로 마약 옥수수라는 별칭을 얻게 된 메뉴입니다. 에어프라이어의 열풍으로 골고루 익기에 타지 않고 쫀득하게 구워져요.

200℃
10 ▶ 10min
종이포일

- 삶은 옥수수 2개
- 파마산 치즈가루 4큰술
  (기호에 따라 가감)
- 말린 허브가루 약간
- 칠리파우더 약간
  (생략 가능)

소스
- 설탕 1과 1/2큰술
- 녹인 버터 1큰술
- 마요네즈 1큰술

1. 작은 볼에 소스 재료를 넣고 섞는다.
2. 옥수수에 실리콘 붓으로 ①을 고르게 바른다.
3. 200℃에서 10분 ▶ 뒤집어 10분간 노릇하게 굽는다.
4. 그릇에 담고 파마산 치즈가루, 말린 허브가루, 칠리파우더를 뿌린다.

190°C
5min
철망

- 통조림 옥수수 1컵(150g)
- 식용유 1큰술
- 감자 전분 5큰술
- 소금 약간 (기호에 따라 가감)

Tip
전일 체에 받쳐 냉장실에서 충분히 물기를 빼면 더 좋아요.

옥수수알튀김

알알이 씹히는 옥수수를 먹는 재미가 있는 옥수수튀김이에요. 갓 튀겼을 때 먹어야 눅진하지 않고 맛있게 먹을 수 있어요.

1. 통조림 옥수수는 키친타월로 물기를 최대한 없앤다.
2. 위생팩에 ①, 식용유를 넣고 버무린 후 감자 전분을 넣어 흔들어 섞는다.
3. 190℃에서 5분간 튀겨 뜨거울 때 소금을 뿌려 섞는다.

생돈가스

마트에서 쉽게 구매할 수 있는 돈가스도 에어프라이어에 넣으면 더 고소해져요. 칼로리 걱정은 덜고 가스레인지에 기름 튈 걱정 없이 깔끔하게 먹을 수 있답니다.

180℃
10 ▶ 15min
종이포일

- 생돈가스 1장
- 식용유 2큰술

1. 종이포일에 식용유 1큰술을 뿌린다.
2. 생돈가스를 올리고 윗면에 식용유 1큰술을 뿌린다.
3. 180℃에서 10분 ▶ 뒤집어 10~15분간 노릇하게 굽는다.

스팸 통구이

캔 뚜껑을 뜯고 그대로 집어 넣어 굽기만 하면 끝!
자체의 기름으로 겉은 노릇노릇, 속은 촉촉하게 구워진
스팸 통구이입니다.

- 스팸 1개(200g)
- 머스터드 적당량
- 토마토케첩 적당량

1. 스팸을 넣고 180℃에서 7분 ▶ 뒤집어 7분간 노릇하게 굽는다.
2. 적당한 크기로 썰어 머스터드, 토마토케첩과 함께 먹는다.

스팸스틱

펍 안주로 유명세를 탄 스팸스틱이에요. 스팸 특유의 짭조롬한 맛에 고소한 빵가루가 더해져 맥주 안주로 그만이지요. 스팸 통을 깨끗이 세척해 그릇으로 사용해도 좋아요.

180℃

8▶2min

철망

- 스팸 1개(200g)
- 밀가루 2큰술
- 달걀물 1개분
- 빵가루 1컵(50g)
- 말린 허브가루 1큰술(생략 가능)

1. 스팸은 1cm 두께의 막대 모양으로 썬다.
2. 빵가루와 말린 허브가루를 섞어 준비한다.
3. 스팸에 밀가루 ▶ 달걀물 ▶ 빵가루 순으로 묻힌다.
4. 180℃에서 8분 ▶ 뒤집어 2분간 노릇하게 굽는다.

비엔나소시지구이

180℃

6min

철망

간단한 반찬, 초고속 안주인 소시지구이입니다.
기름기가 적은 소시지의 경우는 딱딱하고 마를 수 있으니
통통하고 크기가 큰 소시지를 구매하는 것을 추천해요.

- 비엔나소시지
  20개(160g)

1. 비엔나소시지에 칼집을 살짝 낸다.
2. 180℃에서 6분간 노릇하게 굽는다.

◀ Tip
칼집이 깊으면
수분이 빠져
건조하고
질겨져요.

미니 핫도그

집에서도 쉽게 시판 핫도그의 맛을 낼 수 있어요.
미니 사이즈라서 한입에 먹기 좋고,
바로 만들어 따뜻하게 먹을 수 있지요.
간식 외에도 도시락 메뉴로도 활용도가 높아요.

180℃

6▶4min

철망

- 비엔나소시지 15개(120g)
- 빵가루 1컵(50g)
- 식용유 2큰술

반죽
- 핫케이크가루 1/2컵(50g)
- 달걀 1개
- 우유 1큰술

1. 볼에 반죽 재료를 넣고 거품기로 섞는다.
2. 비엔나소시지에 꼬치를 꽂은 후
   ①의 반죽 ▶ 빵가루 순으로 묻힌다.
3. 식용유를 뿌려 180℃에서 6분 ▶ 뒤집어
   4분간 노릇하게 굽는다.

180°C

5 ▶ 3min

철망

어묵튀김

어묵 자체의 기름기로 튀기는 어묵튀김입니다. 톡 쏘는 맛의 와사비 간장소스 171p 참고 를 곁들이면 일품 요리 못지 않아요. 굽는 시간이 늘어나면 자칫 질깃하게 될 수 있으니 주의하세요.

● 사각 어묵 4개(210g)
또는 봉 어묵 6개(235g)

1. 사각 어묵은 길게 4등분한다.
2. 겹치지 않도록 펼쳐 180°C에서 5분 뒤집어 2~3분간 노릇하게 튀긴다.

Tip
봉 어묵일 경우
그대로 사용해도 좋아요.

스트링 치즈스틱

치즈스틱은 튀김옷이 얇을 경우 치즈가 흘러내리기 때문에 은근히 까다로운 메뉴예요. 이때는 튀김옷을 한 번 더 입히면 안심! 블록 모차렐라치즈를 사용해도 좋아요.

 180℃

 10 ▶ 5min

철망

- 스트링치즈 5개
- 밀가루 2큰술
- 달걀물 1개분
- 빵가루 1과 1/2컵(75g)
- 식용유 2큰술

1. 스트링치즈는 2등분한다.
2. 위생팩에 스트링치즈, 밀가루를 넣고 흔들어 섞는다.
3. 달걀물 ▶ 빵가루 순으로 묻힌 후 다시 달걀물 ▶ 빵가루를 묻힌다.
4. 식용유를 뿌리고 180℃에서 10분 ▶ 뒤집어 5분간 노릇하게 굽는다.

180℃
7▶7min
종이포일

베떡베떡

소떡소떡보다 강렬한 맛의 베이컨떡말이입니다. 남은 분량의 소스는 찍먹도 가능해요.

- 떡볶이 떡 16개
- 베이컨 4줄
- 다진 견과류 약간

  소스
- 토마토케첩 2큰술
- 올리고당 2큰술
- 다진 마늘 1작은술
- 고추장 1작은술
- 후춧가루 약간

1. 베이컨은 2등분한다. 작은 볼에 소스 재료를 넣고 섞는다.
2. 떡볶이 떡 8개에 베이컨을 만다.
3. 꼬치에 떡볶이 떡과 ②를 번갈아 가며 4개씩 꽂는다.
4. 180℃에서 7분 ▶ 뒤집어 5분간 구운 후 소스를 앞뒤로 발라가며 2분간 굽는다. 다진 견과류를 뿌린다.

가래떡구이

씹는 순간 겉은 바삭하게 부서지고 속은 말랑 촉촉한 식감의 가래떡구이에요. 쫀득한 가래떡에 달콤한 꿀, 견과류나 콩가루를 더하면 색다르게 즐길 수 있어요.

200°C

10 ▶ 10min

철망

- 가래떡 5개(실온 상태)
- 꿀 2큰술(기호에 따라 가감)
- 다진 견과류 약간(생략 가능)

◀ Tip
가래떡끼리 붙지 않도록 간격을 두고 올려요.

1. 가래떡을 넣고 200°C에서 10분 ▶ 뒤집어 10분간 굽는다.
2. 꿀과 다진 견과류를 뿌리거나 곁들인다.

마요 달걀토스트

180℃

10min

종이포일

고소한 맛에 반하는 마요 달걀토스트는 마요네즈로 테두리를 도톰하게 짜야 달걀을 깨 넣었을 때 밖으로 넘치지 않아요. 굽는 시간을 5분 더 늘리면 완숙으로 즐길 수 있어요.

- 식빵 2장
- 달걀 2개
- 마요네즈 적당량
- 설탕 2큰술

1. 식빵 가장자리에 마요네즈를 사각형 모양으로 짠다.
2. 마요네즈 안쪽 부분에 달걀을 깨 넣고 설탕을 뿌린다.
3. 180℃에서 8~10분간 굽는다.

Tip
에어프라이어 용량에 따라 나눠 구워요.

달걀빵

든든한 식사로도 손색 없는 달걀빵입니다.
반죽은 틀의 1/2 분량만 넣어야 밖으로 흘러내리지 않아요.
10분간 구우면 반숙, 15분간 구우면 완숙이 된답니다.

160℃

10min

내열 그릇

- 달걀 5개
- 소금 약간
- 통후추 간 것 약간

반죽
- 핫케이크가루 2컵(200g)
- 우유 1/2컵(100g)
- 달걀 1개

1. 볼에 반죽 재료를 넣고 거품기로 섞는다.
2. 실리콘 틀 또는 종이컵 5개에 반죽을 나눠 담는다.
3. 달걀을 1개씩 깨 넣고, 노른자는 젓가락으로 찔러 터트린다.
4. 소금, 통후추 간 것을 뿌린 후 160℃에서 10분간 굽는다.

구운 꿀호떡

180℃

8 ▸ 2min

종이포일

기름 없이 구워먹는 호떡이에요. 생김새는 공갈빵처럼 생겼지만 반으로 갈라보면 필링이 가득 들어있는 부드러운 빵으로 재탄생한답니다.

- 시판 호떡믹스 제품 1개
- 식용유 약간

1. 시판 호떡믹스를 사용해 6개의 호떡 반죽을 만든다.
2. 종이포일 위에 호떡 반죽 2개를 올린 후 손으로 눌러 납작하게 만든다.
3. 180℃에서 8분 ▸ 뒤집어 2분간 굽는다. ◂ Tip 에어프라이어 용량에 따라 나눠 구워요.

◂ Tip 손과 반죽에 기름을 충분히 묻히면 반죽이 들러붙지 않아요.

식빵러스크

바삭바삭, 사먹는 것보다 맛있는 러스크입니다.
식빵을 위생팩에 넣고 섞을 때 흔들어 섞기 보다는 꾹꾹
눌러가며 묻혀야 더 맛있어지니 꼭 꾹꾹 눌러주세요.

- 식빵 3장
- 설탕 3큰술
- 식용유 3큰술

1. 식빵은 한입 크기(16조각)로 썬다.
2. 위생팩에 식빵, 식용유를 넣고 섞은 후 설탕을 넣어 꾹꾹 눌러가며 섞는다.
3. 180℃에서 5분 ▶ 섞어 6~7분간 노릇하게 굽는다.

180°C

5min

철망

마늘바게트

마늘의 은은한 향이 물씬 풍기는 마늘바게트입니다. 과정 ②까지 진행한 후 냉동 보관하면 해동 없이 동일한 시간으로 바로 구워 먹을 수 있어요.

- 바게트 15cm

  마늘소스
- 실온에 둔 버터 5큰술(50g)
- 말린 허브가루 1큰술
- 설탕 1/2큰술
- 다진 마늘 1과 1/2큰술
- 올리고당(또는 꿀, 연유) 1큰술
- 소금 약간

1. 바게트는 1.5cm 두께로 썬다. 볼에 마늘소스 재료를 넣고 섞는다.
2. 한쪽 면에 마늘소스를 나눠 바른다.
3. 겹치지 않게 넣고 180℃에서 5분간 노릇하게 굽는다.

▲
Tip
에어프라이어 용량에 따라 나눠 구워요.

- 또띠아 2장
- 통깨 2큰술

소스
- 올리고당 1큰술
- 포도씨유 2작은술
- 소금 약간
  (기호에 따라 가감)

1. 작은 볼에 소스 재료를 넣고 섞는다.
2. 종이포일에 또띠아를 올리고 한쪽 면에 소스를 바른다. 통깨를 뿌린 후 8등분한다.
3. 평평한 내열 그릇 위에 ②를 올린다.
4. 겹치지 않게 넣고 160℃에서 8분간 노릇하게 굽는다.

Tip
에어프라이어 용량에
따라 나눠 구워요.

160℃

8min

종이포일

또띠아 깨칩

시판되는 '깨소미'의 홈메이드 버전의 또띠아 깨칩입니다. 평평한 내열 그릇을 받쳐 사용하면 가벼운 재료도 열풍에 날리지 않고 구울 수 있어요.

만두피추로스

180°C

5▶2min

종이포일

돌돌 말려 씹히는 식감이 좋은 만두피추로스. 완전히 식어
설탕이 굳었을 때 먹어야 진가를 알 수 있는 메뉴입니다.
충분히 식히는 것 잊지 마세요.

- 만두피 6개
- 식용유 2큰술

양념
- 설탕 4큰술
- 시나몬가루(또는 계피가루) 1작은술

---

1. 만두피는 2등분한 후 양쪽 면에 실리콘 붓으로 식용유를 바른다.
2. 앞뒤로 양념을 묻힌 후 돌돌 만다. 같은 방법으로 11개 더 만든다.
3. 종이포일을 깔고 ②를 올린다.
4. 180°C에서 5분 ▶ 뒤집어 2분간 노릇하게 굽는다.
   종이포일째 그대로 꺼내 충분히 식힌 후 먹는다.

Tip▶ 설탕이 녹으면서 설탕물이 흥건하게 나오기 때문에 꼭 종이포일을 사용하세요.

라면 땅

기호에 따라 설탕+라면스프 또는 설탕+파마산 치즈가루 등 여러가지 버전으로 즐길 수 있는 라면땅이에요.
얇은 면의 '스낵면'을 사용하면 더욱 바삭하게 먹을 수 있어요.

- 라면사리 2개
- 설탕 3큰술

1. 라면사리는 1겹으로 떼어낸 후 먹기 좋은 크기로 부순다.
2. 180℃에서 5분 ▶ 섞어 5분간 노릇하게 굽는다.
3. 뜨거울 때 설탕을 뿌려 섞는다.

▲ *Tip*
뜨거울 때 위생팩에 넣으면 비닐이 녹아버리기 때문에 그릇을 사용하는 게 좋아요.

180℃

5 ▶ 5min

철망

두 가지 맛 튀김건빵

170°C

5min

종이포일

소량의 기름으로 담백하게 튀겨낸 건빵입니다.
견과류를 토핑해 고소하면서도 식감이 좋은
견과류건빵과 파마산 치즈가루의 짭짤한 맛이
더해진 치즈건빵 두 가지 모두 매력적이에요.

- 건빵 90g
- 설탕 1큰술
- 식용유 1큰술
- 올리고당 1큰술

A
- 잘게 다진 견과류 3큰술

B
- 파마산 치즈가루 3큰술

1. 위생팩에 건빵, 설탕, 식용유, 올리고당을 넣고 버무린다.
2. ①을 넣고 170℃에서 5분간 굽는다.
3. 뜨거울 때 A 또는 B를 뿌려 섞는다.

쥐포구이

에어프라이어에서 3분이면 완성되는 쥐포구이에요.
굽는 시간을 늘리면 바삭한 식감이 되니
취향에 따라 조절해 구워보세요.

200℃

2 ▶ 1min

철망

조미 쥐포 2개

1. 조미 쥐포를 넣고 200℃에서
2분▶ 뒤집어 1분간 노릇하게 굽는다.

180°C

15min

종이포일

황태까까

'까까'라는 말이 참 잘 어울리는 바삭한 스낵이에요. 에어프라이어 사양에 따라 황태채가 날려 열선에 닿는 경우가 있는데 평평한 내열 그릇에 종이포일을 깔고 황태채를 올리면 잘 구워져요.

- 황태채 3컵
  (또는 북어채, 60g)
- 식용유 2큰술
- 설탕 2큰술

1. 위생팩에 황태채, 식용유, 설탕을 넣고 꾹꾹 눌러가며 묻힌다.
2. 평평한 내열 그릇에 종이포일을 깔고 ①을 올린다.
3. 180℃에서 10~15분간 노릇하게 굽는다.

Tip
길이가 길거나 두꺼운 황태채는 2-3등분해 사용해요.

반건조 오징어구이

에어프라이어만 있다면 손쉽게 부드러운 반건조 오징어구이를 만들 수 있어요. 너무 오래 구우면 얇은 다리 부분은 딱딱해질 수 있으니 주의하세요.

- 오징어 1마리
  (180g, 손질한 것)

1. 오징어 몸통은 가위를 넣어 잘라 펼치고 양쪽 끝을 1cm 간격으로 자른다.
2. 200℃에서 5분 ▸ 뒤집어 5분간 굽는다.

200℃

5 ▸ 5min

철망

160℃

5 ▶ 2min

종이포일

버터오징어

영화관에서 먹는 버터오징어를 간편하게 만들어보세요. 가장 주의할 점은 너무 노릇하게 구우면 질깃하니 색이 많이 나기 전에 꺼내는 게 좋아요.

- 오징어채 2컵
  (또는 진미채, 60g)
- 설탕 1큰술
- 마요네즈 2큰술

1. 오징어채는 찬물에 10분간 담가 불린 후 키친타월로 물기를 제거한다.
2. 볼에 오징어채, 설탕, 마요네즈를 넣고 버무린다.
3. ②를 넣고 160℃에서 5분 ▶ 섞어 2분간 굽는다.

냉동 김말이튀김

떡볶이의 영원한 친구, 김말이튀김입니다. 뜨거울 때 그냥 먹어도 좋지만 매콤달콤한 소스 46p 참고 에 버무려 먹어도 색다르게 즐길 수 있어요.

180°C

15min

철망

▸ 냉동 김말이 12개

1. 냉동 김말이를 넣고 180°C에서 15분간 노릇하게 튀긴다.

180℃

15min

철망

냉동 팝만두

모 TV프로그램에서 히트했던 메뉴, 팝만두를 에어프라이어로 쉽게 만들어 보세요. 피가 얇은 물만두를 사용해 바삭하게 씹히는 맛이 일품이랍니다.

- 냉동 물만두 20개
- 식용유 2큰술

1. 냉동 물만두를 넣고 식용유를 골고루 뿌린다.
2. 180℃에서 14~15분간 중간중간 섞어가며 노릇하게 튀긴다.

냉동 왕교자튀김

물을 뿌리거나, 기름을 더하거나 수많은 팁들이 난무하는 왕교자튀김입니다. 자신만의 레시피를 만드는 것도 좋지만, 잘 모르겠다면 가장 기본부터 시작하는 게 좋겠지요?

180°C

17min

철망

냉동 왕교자 10개

1. 냉동 왕교자를 넣고 180°C에서 15~17분간 노릇하게 굽는다.

180°C

 5 ▶ 3min

 철망

냉동 용가리치킨

추억의 도시락 반찬, 용가리치킨입니다. 기름을 뿌리지 않아도 자체의 기름기가 있기 때문에 노릇하고 맛있게 구워져요.

• **냉동 용가리치킨 10개**

1. 냉동 용가리치킨을 넣고 180℃에서 5분 ▶ 뒤집어 2~3분간 노릇하게 굽는다.

냉동 감자튀김

감자를 씻는 것조차 귀찮을 때에는 냉동 감자튀김이 제격입니다. 사먹는 것보다 더 맛있고 감자 특유의 포실함이 살아있어서 아이들과 함께 먹기에도 좋아요.

- 냉동 감자(크링클컷)
  200g

1. 냉동 감자를 넣고 200℃에서 10분 • 섞어 7~8분간 노릇하게 튀긴다.

에어프라이어
식은 음식 데우기

에어프라이어를 사용하다 보면 식은 음식을 되살리는 데 특화되어 있다는 걸 알 수 있어요. 식어서 본연의 맛을 잃은 음식들에게 온기를 불어 넣어주는 에어프라이어. 차갑게 식은 배달 음식, 냉동실에 방치되어 있는 떡과 빵까지. 바삭바삭 따뜻하게 먹을 수 있는 데우기 시간을 안내합니다.

붕어빵 데우기

겨울철 간식으로 사랑받는 붕어빵. 포장해 집에 오면 갓 구운 따끈한 맛은 온데간데없고, 눅눅하고 차가운 붕어빵을 마주하게 돼요. 이럴 때는 에어프라이어에 넣고 170℃에서 5분간 데우면 겉은 바삭, 속은 촉촉한 붕어빵이 돼요. 국화빵이나 호두과자도 같은 온도에서 데워주세요.

식은 붕어빵 ▶ 170℃ 5min

피자 데우기

남은 피자는 잘 밀봉해 냉장고에
보관해두면 요긴한 간식이 됩니다.
냉장실에 보관한 피자(2조각 기준)는
180℃에서 5분간 데우고, 냉동한 피자는
해동 없이 170℃에서 10분간 데워요.
냉동 피자는 높은 온도에서 데우면 겉은
타고 속은 차갑거나 미지근할 수 있기
때문에 상태를 봐가면서 데워주세요.

냉장 보관한 피자 ▶ 🌡 180℃ ⏱ 5min
냉동 보관한 피자 ▶ 🌡 170℃ ⏱ 10min

치킨 데우기

1인 1닭이 버거웠던 당신을 위한 희소식.
에어프라이어가 있다면 식은 치킨도 맛있게 먹을 수
있어요. 중요한 포인트는 양념의 유무. 후라이드치킨의
경우 180℃에서 5분, 뒤집어 5분정도 데우면 튀김옷에
남아있는 수분이 날아가면서 더욱 바삭해져요.
양념치킨의 경우 종이포일, 혹은 쿠킹포일째 넣고
160℃에서 5분, 뒤집어 2~3분간 데워 속까지
따뜻하게 먹을 수 있게 해요. 에어프라이어마다 성능
차이가 있기 때문에 뒤집은 후에는 치킨의 상태를 보고
시간을 가감해주세요.

냉장 보관한 후라이드치킨 ▶ 🌡 180℃ ⏱ 5 ▶ 5min
냉장 보관한 양념치킨 ▶ 🌡 160℃ ⏱ 5 ▶ 3min

냉동 떡 데우기

냉동실을 지키고 있는 딱딱한 떡은 손이 잘 가지 않지요. 특히 찹쌀로 만든 인절미 등은 전자레인지에 오래 돌리면 곤죽이 되어버리는데, 에어프라이어만 있다면 맛있게 데울 수 있답니다. 종이포일에 냉동 떡(인절미, 구름떡, 송편 등)을 올리고 에어프라이어에 넣어 160℃에서 8~10분간 데워주세요. 떡의 두께나 크기에 따라 시간차가 생길 수 있으니 중간중간 시간을 체크해주세요.

냉동 보관한 떡 ▶ 160℃ 10min

모둠 빵 데우기

냉동실에 방치된 빵, 오래되어 생명을 잃어가는 눅진한 빵도 에어프라이어만 있다면 손쉽게 데워 먹을 수 있어요. 냉동한 식빵(1장 기준)은 해동하지 않고 180℃에서 5분간 데우면 노릇하게 구워진답니다. 크로아상, 팽오쇼콜라처럼 페이스트리 계열의 빵은 170℃에서 5분간 데우면 갓 구운 빵처럼 겉이 바삭하게 살아나요. 속에 견과류, 건과일이 들어있는 빵의 경우 썰어 160℃에서 5분간 중간중간 상태를 체크하며 구워주세요.

냉동 보관한 식빵 ▶ 180℃ 5min
실온 보관한 크로아상 ▶ 170℃ 5min
실온 보관한 잡곡빵 ▶ 160℃ 5min

2 PART

조금 더 특별한 레시피

에어프라이어로 늘 비슷한 요리를 해왔다면
〈조금 더 특별한 레시피〉로 요리해보세요. 에어프라이어와
최적의 궁합을 보여주는 육류 요리부터 해산물, 디저트까지,
에어프라이어를 200% 활용하는 밀도 높은 레시피들이 가득합니다.
맛은 특별하지만 재료는 일상 생활에서 쉽게 구할 수 있는 것들로만
준비했기에 더욱 부담 없답니다.

소금&유자간장 삼겹살구이

소금구이와 달콤한 유자청으로 맛을 낸 간장구이 중 취향에 맞는 구이 요리를 즐겨보세요. 유자청은 은은한 단맛뿐 아니라 돼지고기 특유의 누린내를 잡아주는 역할을 한답니다.

200℃

10 ▶ 8min
5 ▶ 15min

철망

2~3인분

소금구이
- 돼지고기 삼겹살 구이용 450g (약 0.7cm 두께)
- 소금 1/2작은술
- 통후추 간 것 약간

유자 간장구이
- 돼지고기 삼겹살 구이용 450g (약 0.7cm 두께)

유자 간장구이 소스
- 양조간장 1과 1/2큰술
- 청주 1큰술
- 물 1큰술
- 유자청 2큰술
- 통후추 간 것 약간

소금구이 만들기

1. 삼겹살을 펼쳐 넣고 소금, 통후추 간 것을 뿌린다.
2. 200℃에서 10분 ▶ 뒤집어 5~8분간 노릇하게 굽는다.

유자 간장구이 만들기

1. 작은 볼에 유자 간장구이 소스 재료를 넣고 섞는다.
2. 삼겹살을 펼쳐 넣고 200℃에서 5분 ▶ 뒤집어 5분간 굽는다.
3. 중간중간 소스를 앞뒤로 발라가며 10분간 굽는다.

고추장 목살구이

고추장 양념을 발라 구우면 마치 숯불에 구운 듯한 느낌을 낼 수 있어요. 살짝 매콤한 맛이 반찬으로도 좋지요. 고기의 두께에 따라 굽는 시간을 가감해야 속까지 잘 익는 답니다.

180℃

10▶5min

철망

2인분

- 돼지고기 목살 구이용 400g
  (약 0.7cm 두께)

양념
- 설탕 1큰술
- 다진 마늘 1/2큰술
- 양조간장 1과 1/2큰술
- 청주 1큰술
- 고추장 1과 1/2큰술
- 올리고당 2큰술
- 후춧가루 약간

1. 볼에 양념 재료를 넣고 섞는다.
2. ①에 목살을 넣고 섞어 30분간 둔다.
3. 목살을 펼쳐 놓고 180℃에서 10분 ▶ 뒤집어 3~5분간 굽는다.

Tip
에어프라이에 용량에 따라 나눠 구워요.

양념 등갈비 떡구이

뜯어먹는 재미가 있는 등갈비 양념구이에 떡볶이 떡을 넉넉히 넣어
푸짐함까지 더했어요. 밑간에 감자 전분을 넣어 양념이 겉돌지 않고
고기에 착 달라붙게 했답니다.

200℃

10 ▶ 20min

철망

2~3인분

- 돼지 등갈비 800g
- 떡볶이 떡 1컵(150g)

밑간
- 감자 전분 2큰술
- 맛술 1큰술
- 소금 1/2작은술

양념
- 맛술 3큰술
- 올리고당 2큰술
- 굴소스 3큰술
- 계피가루 1작은술

1. 등갈비는 1마디씩 썬다. 찬물에 30분간 담가 중간중간 깨끗한 물로 2~3회 갈아가며 핏물을 뺀다.
2. 등갈비의 살코기 부분에 칼집을 2~3회 넣는다.
3. 볼에 등갈비, 밑간 재료를 넣고 섞는다.
4. 작은 볼에 양념 재료를 넣어 섞는다.
5. 등갈비를 넣고 200℃에서 10분 ▶ 뒤집어 떡을 넣고 5분 ▶ 양념을 발라가며 10~15분간 노릇하게 굽는다.

데리야키 막창구이

해먹기 까다로운 막창도 에어프라이어만 있다면 금세 만들 수 있어요.
막창이 익으면서 약간의 냄새가 날 수 있으니, 에어프라이어를 환기가 잘
되는 곳에 두고 조리하는 것도 하나의 팁이랍니다.

200℃

15 ▶ 10min

철망

2~3인분

- 돼지 막창(손질된 것) 400g
- 감자 2개(400g)
- 데리야키소스 10큰술
- 마요네즈 적당량
- 통깨 약간(생략 가능)

부추무침

- 부추 1줌(50g)
- 양파 1/5개(40g)
- 고춧가루 1작은술
- 설탕 1/2작은술
- 다진 마늘 1/2작은술
- 양조간장 1/2작은술
- 식초 1작은술
- 참기름 1작은술

1. 감자는 1cm 두께로 썬다.
2. 철망에 감자를 깔고 막창을 넣어 200℃에서 15분간 굽는다.
3. 중간중간 실리콘 붓으로 데리야키소스를 발라가며 5~10분간 굽는다.
4. 부추는 4cm 길이로 썰고, 양파는 가늘게 채 썬다.
5. 볼에 나머지 부추무침 재료를 넣고 섞은 후 ④를 넣어 가볍게 섞는다.
6. 그릇에 막창과 감자, 부추무침을 나눠 담고 마요네즈와 통깨를 뿌린다.

Tip
데리야키소스 만들기

재료 양파 1/4개(50g), 사과 1/4개(50g), 건고추 1개, 생강 1톨, 설탕 1/2컵(80g), 양조간장 1컵(200ml), 물 1컵(200ml), 청주 1/2컵(100ml)

양파, 사과, 생강은 얇게 편 썰고, 건고추는 2~3등분해요. 냄비에 모든 재료를 넣고 센 불에서 끓어오르면 약한 불로 줄여 50분간 끓여요. 체에 걸러 국물만 따로 덜어둔 후 한 김 식혀 밀폐용기에 담아 냉장 보관해 사용해요.

안심스테이크

200℃

9 ▶ 3min

철망

안심이나 등심 등의 부위를 스테이크용으로 조리할 경우 같은 온도와 시간으로 구워도 굽기 정도가 달라질 수 있어요. 중간중간 꺼내어 굽기 정도를 확인해 보는 것을 추천한답니다.

2인분

- 소고기 안심(4cm두께) 400g
- 미니 아스파라거스 5줄기(100g)
- 홀그레인 머스터드 2큰술 (생략 가능)

밑간
- 올리브유 1큰술
- 소금 1작은술
- 통후추 간 것 약간
- 허브(로즈메리, 타임 등) 약간

매시 포테이토
- 감자 1개(200g)
- 버터 1큰술(10g)
- 우유 5큰술
- 소금 1/3작은술 (기호에 따라 가감)
- 통후추 간 것 약간

1. 안심은 키친타월로 감싸 핏물을 없앤다.
2. 안심의 앞뒤로 밑간 재료를 뿌려 문지른 후 30분간 둔다.
3. 미니 아스파라거스는 필러로 껍질을 제거한다.
4. 안심을 넣고 200℃에서 9분 ▶ 뒤집어 미니 아스파라거스를 넣고 3분간 굽는다.

매시 포테이토 만들기

1. 감자의 껍질을 벗겨 한입 크기로 썬다. 전자레인지에서 5~7분간 익힌다.
2. 감자는 뜨거울 때 곱게 으깬 후 나머지 재료를 모두 넣고 섞는다.

스테이크화지타

에어프라이어로 푸짐하고 이국적인 한 상을 만들어보세요. 불고기 양념에 재운 고기와 살사의 색다른 조합을 느낄 수 있어요. 사워크림, 그릭요거트, 제철 과일 등 다양한 재료를 곁들여도 좋아요.

200℃

7 ▶ 3min

철망

2~3인분

- 소고기 등심(1.5cm 두께) 400g
- 아보카도 1개
- 양상추 60g
- 구운 또띠아 2장

밑간
- 설탕 1과 1/2큰술
- 양조간장 1과 1/2큰술
- 참기름 1/2큰술
- 후춧가루 약간

살사
- 굵게 다진 토마토 약 1/2개분(75g)
- 굵게 다진 양파 1/5개분(40g)
- 송송 썬 청양고추 2개분
- 레몬즙 1큰술
- 올리브유 1큰술
- 설탕 1작은술
- 소금 1/2작은술
- 후춧가루 약간

1. 볼에 등심, 밑간 재료를 넣고 섞어 30분간 둔다.
2. 다른 볼에 살사 재료를 넣고 섞어 냉장실에 보관한다.
3. 양상추는 1cm 두께로 썰고, 아보카도는 껍질과 씨를 제거한 후 0.5cm 두께로 썬다.
4. 등심을 넣고 200℃에서 7분 ▶ 뒤집어 3분간 굽는다.
5. 한 김 식힌 후 먹기 좋은 크기로 썰어 ②의 살사와 또띠아, 아보카도를 함께 낸다.

Tip
또띠아는 200℃에서 5분간 구워 곁들여요.

버터구이 통닭

특별한 재료 없이도 멋스러운 파티 요리에 어울리는 통닭 요리입니다.
통닭은 부위마다 익는 속도가 다르니 닭다리, 닭가슴살과 같이 두꺼운
부위는 칼끝으로 찔러 칼집을 내주는 것이 좋아요.

200℃

20▶25min

철망

2~3인분

- 닭 1마리
  (손질한 것, 11호, 약 1kg)
- 버터 3큰술(30g)

밑간
- 소금 1큰술
- 올리브유 1큰술
- 통후추 간 것 약간
- 로즈마리 약간

1. 볼에 닭, 밑간 재료를 넣고 문질러 30분간 둔다.
2. 철망에 닭가슴살이 위쪽을 향하도록 넣는다.
3. 200℃에서 20분 ▶ 뒤집어 20분간 굽는다.
4. 버터를 앞뒤로 바른 후 5분간 노릇하게 굽는다.

Tip
두꺼운 닭가슴살을
먼저 익혀주는 것이
좋아요.

누룽지 콘치즈닭

SNS에서 유명한 '계림원'의 〈누룽지 콘치즈닭〉을 응용한 메뉴입니다. 들어가는 재료가 많아서 조금 복잡해 보여도 막상 따라 해보면 그렇게 어렵지 않게 완성할 수 있답니다.

180 ▶ 170℃

15 ▶ 20 ▶ 20 ▶ 8min

종이포일

3~4인분

- 닭 볶음탕용 1팩(1kg)
- 밥 1공기(200g)
- 통조림 옥수수 1/2캔(90g)
- 슈레드 피자치즈 1과 1/2컵(150g)

밑간

- 소금 1/2큰술
- 청주 2큰술
- 후춧가루 약간

소스

- 어슷 썬 청양고추 2개분
- 설탕 3큰술
- 고춧가루 1과 1/2큰술
- 양조간장 3큰술
- 고추장 1과 1/2큰술
- 토마토케첩 3큰술
- 올리고당(또는 물엿) 5큰술
- 후춧가루 약간

1. 볼에 닭, 밑간 재료를 넣고 섞어 냉장실에서 30분 이상 둔다. 작은 볼에 소스 재료를 넣어 섞는다.
2. 종이포일에 밥을 올려 0.5cm 두께로 펼친 후 180℃에서 15분간 구워 덜어둔다.
3. 철망에 ①의 닭을 넣고 180℃에서 20분 ▶ 뒤집어 10분간 노릇하게 굽고 ▶ 소스를 발라가며 5~10분간 구워 덜어둔다.
4. 바스켓에 종이포일을 두 장 겹쳐 넉넉하게 깐다.
5. 누룽지 ▶ 슈레드 피자치즈 약간 ▶ 통조림 옥수수 ▶ 구운 닭을 순서대로 올린다.
6. 사이사이에 남은 슈레드 피자치즈를 뿌린 후 170℃에서 8분간 치즈가 녹을 때까지 굽는다.

Tip

더 맛있게 즐기기

완성된 요리를 종이포일째 팬에 올려 가스버너의 가장 약한 불에 올려놓으면 치즈가 굳지 않을 뿐만 아니라, 점점 더 바삭해지는 누룽지를 치즈와 함께 즐길 수 있어요.

허니로스트 윙&봉

꿀을 넣어 달콤한 맛을 더한 허니로스트 윙&봉입니다.
닭날개 또는 닭봉 중 취향에 맞는 부위를 사용해 아이와
함께 먹을 수 있는 달콤한 맛의 치킨을 만들어보세요.

200℃

10▶10min

철망

2인분

- 닭날개 약 19개
  (또는 닭봉 약 14개, 500g)

밑간
- 허브솔트 1큰술
- 맛술 1큰술
- 올리브유 1큰술
- 꿀 2큰술

1. 닭날개는 칼 끝으로 살 부분에 칼집을 낸다.
2. 볼에 닭, 밑간 재료를 넣고 섞어 30분간 둔다.
3. 200℃에서 10분 ▶ 뒤집어 10분간 중간중간 뒤집어가며 노릇하게 굽는다.

코울슬로를 곁들인 치킨텐더

밑간에 마요네즈를 넣어 촉촉하고 부드러운 치킨텐더입니다.
닭안심으로 만들었기 때문에 큰 손질 없이도 쉽게 만들 수 있어요.
아이와 함께 먹을 때는 밑간의 크러시드페퍼를 빼고 만들어주세요.

180℃

10 ▶ 5min

철망

2인분

- 닭안심 10쪽
  (또는 닭가슴살 2~3쪽, 250g)
- 밀가루 3큰술
- 달걀물 1개분
- 빵가루 1컵(50g)

밑간
- 크러시드페퍼 1큰술 (생략 가능)
- 마요네즈 1큰술
- 소금 1/2작은술
- 통후추 간 것 약간

코울슬로
- 양배추 6장(180g)
- 당근 1/10개(20g)
- 통조림 옥수수 3큰술(생략 가능)
- 설탕 1큰술
- 식초 1큰술
- 마요네즈 4큰술(40g)
- 소금 1/3작은술

1. 닭안심은 힘줄을 제거한다.
2. 볼에 닭안심, 밑간 재료를 넣고 섞어 30분간 둔다.
3. 밀가루 ▶ 달걀물 ▶ 빵가루 순서로 묻힌다.
4. 180℃에서 10분 ▶ 뒤집어 5분간 노릇하게 튀긴다.

코울슬로 만들기

1. 양배추는 한입 크기로 썰고, 당근은 양배추 두께의 한입 크기로 얇게 썬다.
2. 볼에 모든 재료를 넣고 버무려 실온에서 1시간 이상 절인 후 냉장 보관한다.

인절미치킨

찹쌀가루를 묻혀 바삭하게 튀긴 치킨에 고소한 콩가루를 더한
이색적인 메뉴입니다. 볶은 콩가루는 마트에서도 판매하지만 동네의
작은 떡집에서 사면 더 고소한 콩가루를 구입할 수 있답니다.

180℃

15 ▶ 5min

종이포일

2~3인분

- 닭다리살 5~7쪽(500g)
- 떡국 떡 1컵(90g)
- 찹쌀가루 10큰술
- 볶은 콩가루 10큰술
  (기호에 따라 가감)
- 꿀 약간

밑간
- 청주 1큰술
- 양조간장 1큰술
- 설탕 1작은술
- 소금 1/2작은술

1. 닭다리살은 4등분한다.
2. 볼에 닭다리살, 밑간 재료를 넣고 섞어 30분간 둔다.
3. 위생팩에 닭다리살, 떡국 떡, 찹쌀가루를 넣고 흔든 후 가루를 꾹꾹 눌러 묻힌다.
4. 닭다리살을 먼저 펼쳐 넣고 180℃에서 15분 ▶ 뒤집어 떡국 떡을 넣고 5분간 노릇하게 굽는다.
5. 그릇에 담고 볶은 콩가루와 꿀을 뿌린다.

tip 색다르게 즐기기

구워진 치킨에 분량의 볶은 콩가루를 넣고 조물조물 버무린 후
꿀을 뿌리면 조금 더 편리하게 먹을 수 있어요.

고추절임소스를
곁들인 훈제오리구이

훈제오리구이에 매콤새콤한 고추절임소스를 곁들여 개운함을
더했습니다. 훈제오리는 색으로 굽기 여부를 판단하기 어려우니 조금
덜 굽듯이 익히는 것이 질기지 않고 부드럽게 먹을 수 있어요.

180℃

10 ▶ 5min

철망

2인분

- 시판 훈제오리 1팩(500g)
- 양파 1/2개(100g)
- 새송이버섯 1개(120g)
- 후춧가루 약간

고추절임소스
- 송송 썬 청양고추
  (또는 풋고추, 홍고추) 5개분
- 설탕 1큰술
- 식초 2큰술
- 양조간장 1작은술

1. 양파는 1cm 두께로 썰고,
   새송이버섯은 0.5cm 두께의 한입 크기로 썬다.
2. 훈제오리를 넣고 180℃에서 10분간 굽는다.
3. 젓가락으로 뭉친 부분을 풀고 양파, 새송이버섯,
   후춧가루를 넣어 5분 ▶ 섞어 2~3분간 굽는다.

고추절임소스 만들기

1. 볼에 모든 재료를 넣고 섞는다. 먹기 전까지 냉장실에
   넣어 차게 보관한다.

▲
Tip
이때 고추가 잘 섞이도록
뒤적여 절여지게 해요.

가자미 버터구이

버터를 올려 구운 가자미 버터구이입니다. 가자미는 살이
부드러워 구울 때 쉽게 부서지는 편이기 때문에 밀가루를 묻혀
구우면 형태 유지에 도움이 돼요.

200℃

15 ▶ 5min

종이포일

2인분

- 손질 가자미 1~2마리(300g)
- 튀김가루(또는 밀가루) 2큰술
- 올리브유 2큰술
- 허브(로즈메리, 타임 등) 약간
- 버터 2큰술(20g)
- 레몬 1/4개

밑간
- 소금 1/2작은술
- 통후추 간 것 약간

1. 가자미는 껍질 쪽에 칼집을 낸다.
   앞뒤로 밑간 재료를 뿌려 문지른다.
2. 위생팩에 가자미, 튀김가루를 넣고 흔들어 묻힌다.
3. 종이포일을 깔고 올리브유(1큰술)를 뿌린다.
4. 가자미를 넣고 올리브유(1큰술)를 뿌린 후 허브를 올린다.
5. 200℃에서 15분간 노릇하게 굽고 ▶ 버터를 올려 4~5분간 굽는다.
6. 그릇에 옮겨 담아 레몬을 짠다.

대파소스 고등어구이

기름기가 많은 고등어구이에 새콤하게 절여진 대파를 곁들여 깔끔한 맛을 더한 메뉴입니다. 대파소스에 넣는 대파는 단맛이 강하고 깔끔한 맛을 내는 흰 부분을 사용하는 것이 좋아요.

180°C

10▶5min

철망

2인분

- 손질 고등어 1/2마리
  (구이용, 150g)

대파소스
- 대파(흰 부분) 20cm
- 설탕 2큰술
- 식초 2큰술
- 소금 1작은술
- 다진 마늘 1작은술(생략 가능)

고등어구이 만들기

1. 고등어의 껍질 부분이 바닥을 향하도록 넣는다.
2. 180°C에서 10분 ▶ 뒤집어 3~5분간 노릇하게 굽는다.
3. 그릇에 담고 대파소스를 곁들인다.

대파소스 만들기

1. 대파는 송송 썬다.
2. 볼에 모든 재료를 넣고 섞어 냉장실에 넣어둔다.

삼치 칠리강정

살이 두툼하고 단단한 삼치는 강정으로 만들기 좋은 생선입니다. 팬 조리의 경우 생선 냄새가 부엌을 가득 메우는 경우가 많은데, 에어프라이어를 사용하면 조금 더 깔끔하게 생선 요리를 즐길 수 있어요.

180℃

7▶13min

철망

2인분

- 삼치 1마리(손질된 것, 350g)
- 감자 전분 4큰술
- 마늘칩 약간 24p 참고
- 식용유 2큰술

밑간
- 식용유 1큰술
- 소금 1/3작은술
- 후춧가루 약간

칠리소스
- 설탕 1큰술
- 물 1큰술
- 식초 1/2큰술
- 양조간장 1/2큰술
- 스위트 칠리소스 4큰술
- 크러시드페퍼 1작은술
  (생략 가능)

1. 삼치는 가시를 제거한 후 한입 크기로 썬다.
2. 위생팩에 삼치, 밑간 재료를 넣고 섞어 5분간 둔다.
3. 볼에 칠리소스 재료를 넣고 섞는다.
4. 위생팩에 감자 전분을 넣고 삼치에 흔들어 묻힌다.
5. 삼치를 펼쳐 올리고 식용유를 뿌린다.
6. 180℃에서 7분▶ 뒤집어 8분간 노릇하게 튀기고▶ 칠리소스를 앞뒤로 발라가며 3~5분간 튀긴다.
7. 그릇에 담아 마늘칩을 뿌린다.

연어파피요트

향신채를 넣어 향을 더한 연어파피요트예요.
종이포일로 감싸 굽기 때문에 연어의 향과 채소의 풍미가 살아있고,
부드럽고 촉촉한 식감을 느낄 수 있답니다.
자칫 느끼할 수 있는 연어의 기름진 맛은 상큼한 레몬이 잡아주지요.

180℃

20min

종이포일

2인분

- 연어 1~2토막(구이용, 250g)
- 아스파라거스 6줄기(120g)
- 방울토마토 6개(80g)
- 양파 1/4개(50g)
- 주키니 1/10개(50g)
- 레몬 1/2개
- 허브(로즈메리, 타임) 약간
- 청주 1큰술
- 올리브유 2큰술

밑간
- 소금 1/2작은술
- 통후추 간 것 약간

1. 아스파라거스는 필러로 껍질을 제거하고 반으로 썬다. 방울토마토는 2등분한다.
2. 양파, 주키니, 레몬은 0.5cm 두께의 링 모양으로 썬다.
3. 종이포일을 길게 잘라 반으로 접은 후 펼친다.
4. 아스파라거스 ▶ 양파 ▶ 주키니 ▶ 연어 ▶ 밑간 재료 ▶ 레몬 ▶ 허브 ▶ 방울토마토 순으로 올린다.
5. 청주, 올리브유를 뿌린 후 종이포일을 덮고 가장자리를 접어 밀봉한다.
6. 180℃에서 20분간 익힌다.

Tip
파피요트(Papillote)는 가금류, 생선류에 많이 사용하는
조리법으로 종이포일에 모든 재료를 넣고 밀봉해
재료가 가진 수분 자체로 '찌듯' 익혀지는 요리를 말해요.

통오징어구이

카레가루와 고춧가루로 맛을 낸 통오징어구이입니다. 밑간에 올리브유를 넣어 양념이 타는 것을 방지했어요. 통오징어는 특별한 기교 없이도 훌륭한 비주얼을 뽐내니 샐러드 채소와 함께 먹기 직전 잘라 먹어요.

180 ▶ 200℃

7 ▶ 3min

철망

2인분

- 오징어 1마리
  (손질한 것, 180g)
- 샐러드 채소 70g

밑간
- 카레가루 1큰술
- 설탕 1/2큰술
- 고춧가루 1/2큰술
- 올리브유 1큰술
- 소금 1/3작은술

드레싱
- 다진 양파 2큰술
- 올리브유 4큰술
- 레몬즙 2큰술
- 설탕 2작은술
- 소금 1/2작은술
- 통후추 간 것 약간

1. 오징어 몸통 양쪽에 1cm 간격으로 모양을 낸다.
2. 볼에 오징어, 밑간 재료를 넣고 섞어 10분간 둔다. 다른 볼에 드레싱 재료를 넣어 섞는다.
3. 오징어를 넣고 180℃에서 7분 ▶ 뒤집어 200℃에서 3분간 굽는다.
4. 그릇에 샐러드 채소, 오징어를 올리고 드레싱을 곁들인다.

굴튀김

굴튀김은 굴의 고소한 맛을 제대로 느낄 수 있는 조리법 중 하나예요. 굴은 되도록 일정한 크기를 사용하는 것이 좋고, 알이 작은 것 보다는 큰 것을 선택하는 것이 좋답니다.

180℃

5 ▶ 5min

철망

2인분

- 굴 1과 1/2컵(300g)
- 깻잎 1장(2g, 생략 가능)
- 밀가루 1/2컵
- 달걀물 1개분
- 빵가루 2컵(100g)
- 식용유 2큰술
- 소금 약간
- 후춧가루 약간

1. 굴은 소금물에 살살 흔들어 씻는다.
2. 체에 받쳐 물기를 빼고 키친타월로 최대한 물기를 제거한다.
3. 깻잎은 얇고 가늘게 채 썰어 빵가루에 넣고 섞는다.
4. 밀가루 ▶ 달걀물 ▶ 빵가루 순으로 묻힌다.
5. ④를 펼쳐 올리고 식용유를 뿌린다.
6. 180℃에서 5분 ▶ 뒤집어 5분간 튀긴다.
7. 뜨거울 때 소금, 후춧가루를 뿌린다.

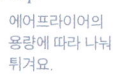
◀ Tip
에어프라이어의 용량에 따라 나눠 튀겨요.

갈릭버터 새우구이

별다른 재료 없이도 칭찬 받는 맛의 갈릭버터 새우구이입니다.
종이포일을 깔면 촉촉하게 즐길 수 있고, 철망을 사용한다면
바삭한 식감의 구이 요리가 완성되니 취향에 따라 즐겨보세요.

200℃

10 ▶ 3min

철망

2인분

- 새우 20마리(중하, 400g)
- 마늘 10개(50g)
- 버터 2큰술(20g)
- 소금 1/3작은술
- 통후추 간 것 약간

1. 새우는 긴 수염을 자르고, 2~3번째 마디에 이쑤시개를 넣고 당겨 빼 내장을 제거한다.
2. 마늘은 2등분한다.
3. 새우, 마늘을 넣고 버터를 나눠 올린 후 소금, 통후추 간 것을 뿌린다.
4. 200℃에서 10분 ▶ 섞어 2~3분간 마늘이 노릇해질 때까지 굽는다.

아이올리소스
171p 참고

코코넛쉬림프

패밀리레스토랑의 인기메뉴 코코넛쉬림프예요. 코코넛롱은 기름을 두르지 않으면 색이 잘 나지 않기 때문에 기름을 넉넉히 사용해야 더욱 맛있게 즐길 수 있답니다.

160°C

10 ▶ 10min

철망

2인분

- 생 새우살 20마리
  (꼬리 있는 것, 300g)
- 튀김가루 3큰술
- 코코넛롱 1과 1/2컵(75g)
- 식용유 4큰술

밑간
- 맛술 1큰술
- 소금 1/3작은술
- 후춧가루 약간

반죽
- 튀김가루 4큰술
- 물 4큰술

1. 볼에 생 새우살, 밑간 재료를 넣고 섞어 10분간 둔다.
2. 다른 볼에 반죽 재료를 넣어 섞는다.
3. 생 새우살에 튀김가루(3큰술)를 묻힌 후 반죽 ▶ 코코넛롱 순으로 묻힌다.
4. 종이포일을 깔고 식용유(2큰술)를 뿌린다. 그 위에 새우를 겹치지 않게 올린 후 식용유(2큰술)를 뿌린다.
6. 160℃에서 10분 ▶ 뒤집어 10분간 더 굽는다.

◀ *Tip*
에어프라이어의 용량에 따라 나눠 구워요.

◀ *Tip*
기름을 충분히 뿌려야 색이 노릇하게 나요.

조개 술찜

파피요트 형식의 조개 술찜입니다. 조개에서 나온 국물과 와인,
올리브유가 어우러져 풍부한 감칠맛을 느낄 수 있어요.
남은 국물에 파스타를 말아먹거나 빵을 찍어먹어도 좋답니다.

200℃

20min

종이포일

2인분

- 해감된 모둠 조개
  (홍합, 바지락 등) 300g
- 대파 20cm
- 마늘 2쪽
- 쥐똥고추 3개(생략 가능)
- 버터 10g
- 화이트와인(또는 청주) 3큰술
- 올리브유 2큰술
- 통후추 간 것 약간

1. 대파는 두꺼운 부분은 길이로 2등분한 후
   4cm 길이로 썬다. 마늘은 편 썬다.

2. 종이포일을 길게 잘라 펼친 후
   대파 ▸ 조개 ▸ 마늘 ▸ 쥐똥고추 순으로 넣는다.

3. 화이트와인, 올리브유, 통후추 간 것을
   뿌린 후 버터를 넣고 밀봉한다.

4. 200℃에서 20분간 익힌다.

멘보샤

새우살이 가득한 멘보샤를 에어프라이어로 만들 수 있다는 사실.
새우살은 80% 정도만 갈아야 새우의 탄력있는 식감을 느낄 수 있어요.
식빵을 기름에 담글 때는 퐁당! 하고 충분히 담가주세요.

160℃

8 ▶ 8min

철망

2인분

- 식빵 4장
- 생 새우살 13마리(약 200g)
- 식용유 4큰술

반죽
- 설탕 1/2큰술
- 맛술 1/2큰술
- 달걀물 2큰술
- 대파기름(또는 고추기름) 3큰술
- 참기름 1/2큰술
- 후춧가루 약간
- 다진 생강 1작은술

1. 식빵은 테두리를 제거한 후 4등분한다.
2. 푸드프로세서에 생 새우살을 넣어 80% 정도 간다.
3. 볼에 ②, 반죽 재료를 넣고 찰기가 생기도록 충분히 치댄다.
4. ①의 식빵 8개 위에 반죽을 8개로 나눠 올린 후 나머지 식빵을 덮고 손바닥으로 살짝 누른다.
5. 다른 볼에 식용유(4큰술)를 담고 ④의 식빵 부분을 앞뒤로 담갔다 뺀다.
6. 겹치지 않게 올린 후 160℃에서 8분 ▶ 뒤집어 8분간 더 굽는다.

③

④

Tip
대파기름 만들기

재료 대파(푸른 부분) 10cm 10대, 편 썬 생강 1톨(5g), 식용유 1컵(200㎖)

냄비에 재료를 넣고 중약 불에서 가장자리가 끓어오르기 시작하면 13~15분간 대파가 진한 갈색이 될 때까지 끓여요. 체에 밭쳐 기름만 걸러내고 완전히 식힌 후 밀폐용기에 담아 보관해요.

가리비 치즈구이

신선한 가리비는 과한 양념 없이도 충분히 맛있지요. 약간의 채소와 치즈만 더해 조개 자체의 맛을 살렸어요. 기호에 따라 초장이나 토마토소스를 함께 올려 구워도 좋아요.

200℃

15min

종이포일

9개분

- 가리비 9개

토핑
- 슈레드 피자치즈 1/4컵(25g)
- 다진 양파 1/2컵(50g)
- 다진 파프리카 2큰술
- 올리브유 1큰술
- 허브솔트 약간
- 통후추 간 것 약간
- 말린 파슬리가루 약간
 (생략 가능)

1. 가리비는 조리용 솔로 껍데기를 닦는다.
2. 껍데기 사이에 칼을 넣어 입을 살짝 벌린다.
3. 살을 한 쪽 껍데기로 밀어 넣고 다른 한 쪽을 떼어 제거한다.
4. 볼에 토핑 재료를 넣고 섞는다.
5. 가리비 위에 섞어놓은 토핑 재료를 나눠 올린다.
6. 200℃에서 12~15분간 굽는다.

속 채운 고추튀김

고추전보다 쉽고 간단한 고추튀김입니다. 고기소 대신 통조림 참치를 사용해 쉽게 만들 수 있어요. 아이들과 함께 먹을 땐 오이고추를, 이색 안주로는 풋고추로 색다른 매콤함을 느껴보세요.

180℃

10min

철망

10개분

- 오이고추 5개
- 밀가루 3큰술 + 약간(덧가루용)
- 달걀물 1개분
- 빵가루 3/4컵(40g)

참치소
- 통조림 참치 1/2캔(75g)
- 다진 양파 3큰술
- 다진 당근 2큰술
- 마요네즈 2큰술
- 후춧가루 약간

1. 오이고추는 꼭지를 제거한 후 길이로 칼집을 낸 후 씨를 뺀다.
2. 통조림 참치는 체에 밭쳐 숟가락으로 눌러 물기를 뺀다.
3. 볼에 참치소 재료를 넣고 섞는다.
4. 오이고추 속에 덧밀가루를 뿌린 후 참치소를 채운다.
5. 밀가루 ▶ 달걀물 ▶ 빵가루 순으로 묻힌다.
6. 180℃에서 10분간 노릇하게 튀긴다.

스카치에그

180℃

15min

철망

영국의 대표 브런치 메뉴인 스카치에그도 에어프라이어로 만드는 게 가능해요. 취향에 따라 사용하는 삶은 달걀을 반숙, 완숙 중 선택해 만들면 더욱 색다른 느낌의 스카치에그가 된답니다.

4개분

- 삶은 달걀 4개
- 밀가루 3큰술
- 달걀물 1개분
- 빵가루 3/4컵(40g)
- 식용유 2큰술

반죽
- 다진 돼지고기 200g
- 빵가루 1큰술
- 다진 양파 1큰술
- 다진 마늘 1/2큰술
- 소금 1/2작은술
- 후춧가루 약간

1. 볼에 반죽 재료를 넣고 찰기가 생기도록 치댄다.
2. 삶은 달걀에 밀가루를 묻힌 후 ①의 반죽 1/4 분량으로 감싼다.
3. 달걀물 ▶ 빵가루 순으로 묻힌다.
4. 식용유를 뿌린 후 180℃에서 10~15분간 노릇하게 튀긴다.

Tip
이때 이음새를 잘 접착시켜야 튀길 때 반죽이 벌어지지 않아요.

명란 주먹밥구이

명란을 넣어 톡톡 터지는 맛이 일품인 명란 주먹밥구이입니다.
명란젓은 전자레인지에서 30초 정도 익혀도 좋고,
소스 대신 시판 데리야키소스를 발라 구워도 잘 어울린답니다.

200℃

5 ▶ 5min

철망

2개분

- 따뜻한 밥 1과 1/2공기(300g)
- 명란젓 2/3개(40g)

양념
- 송송 썬 쪽파 1큰술
- 마요네즈 1큰술(10g)
- 통깨 1작은술
- 설탕 1/2작은술
- 들기름 1작은술

소스
- 맛술 1큰술
- 설탕 1/2작은술
- 양조간장 1작은술

1. 명란젓은 겉에 묻은 양념을 씻어낸다.
   길이로 2등분한 후 칼등으로 알만 발라낸다.
2. 볼에 명란젓, 양념 재료를 넣어 섞는다.
3. 다른 작은 볼에 소스 재료를 넣어 섞는다.
4. 밥 1/2 분량에 ②의 1/2 분량을 넣고 삼각형 모양으로 주먹밥을 만든다.
5. 주먹밥 양쪽에 조리용 붓으로 소스를 바른다.
6. 200℃에서 5분 ▶ 소스를 바르고 뒤집어 5분간 노릇하게 굽는다.

◀ *Tip*
또는 둥글 납작하게
만들어도 좋아요.

짜조

기름에 묻혀 튀겨진 라이스페이퍼가 파삭한 식감을 주는 짜조입니다.
만들 때 라이스페이퍼끼리 달라붙으면 찢어질 수 있으니 식용유를 듬뿍
발라주세요. 기름 덕분에 서로 붙지 않고 붙어도 잘 떨어져요.

180℃

10▶10min

철망

10개분

- 라이스페이퍼 10장
- 다진 돼지고기 200g
- 부추 1/2줌(25g)
- 데친 숙주 100g
- 불린 당면 1/2줌(40g)
- 식용유 3큰술 이상

양념
- 달걀 1개
- 다진 파 1큰술
- 양조간장 1큰술
- 참기름 1/2큰술
- 다진 마늘 1작은술
- 후춧가루 약간

소스
- 부순 쥐똥고추 2개
- 송송 썬 쪽파 1줄기
- 양조간장 1큰술
- 생수 2큰술
- 레몬즙 1큰술
- 설탕 1작은술

1. 부추, 데친 숙주, 불린 당면은 1cm 길이로 썬다.
2. 볼에 ①, 다진 돼지고기, 양념 재료를 넣어 치댄다.
3. 라이스페이퍼는 따뜻한 물에 담갔다 뺀 후 도마 혹은 작업대에 펼쳐 올린다.
4. ②의 1/10 분량을 올린 후 돌돌 말아 감싼다. 같은 방법으로 9개 더 만든다.
5. 180℃에서 10분 ▶ 뒤집어 10분간 노릇하게 굽는다. 소스를 만들어 곁들인다.

Tip
그릇에 분량의
식용유(3큰술)를 뿌리고
앞뒤로 기름을 바른 후
올려두면 라이스페이퍼끼리
들러붙는 것을 방지할 수
있어요.

청양 골뱅이튀김

통조림 골뱅이로 만드는 독특한 안주입니다.
청양고추를 튀김옷에 넣어 은은한 매콤함이 입맛을 당기게 하지요.
파채와 깔끔한 맛의 소스로 개운한 맛을 더했어요.

190℃

20min

철망

2인분

- 통조림 골뱅이 2캔(800g)
- 파채 200g
- 빵가루 3/4컵(40g)

반죽
- 다진 청양고추 2개
- 튀김가루 8큰술
- 찬물 6큰술
- 다진 마늘 1작은술
- 식용유 1작은술
- 후춧가루 약간

소스
- 설탕 1과 1/2큰술
- 레몬즙 1큰술
- 식초 2큰술
- 양조간장 3큰술
- 다진 마늘 1작은술
- 연와사비 1/2작은술

1. 볼에 소스 재료를 넣고 섞어 냉장실에 보관한다.
2. 골뱅이는 체에 밭쳐 국물을 뺀다.
   볼에 골뱅이, 반죽 재료를 넣고 섞는다.
3. 빵가루를 넣고 섞는다.
4. 골뱅이를 최대한 겹치지 않게 올린 후 190℃에서
   15~20분간 노릇하게 굽는다.
5. 그릇에 파채를 깔고 골뱅이를 올린 후 소스를 곁들인다.

가지깐풍기

에어프라이어에 튀긴 가지는 기름에 튀긴 것보다 바삭한 식감은
덜하지만 쫄깃한 식감은 더 살아난답니다. 깐풍소스는 팝만두, 탕수육 등
다양한 요리에 응용해서 사용해도 좋아요.

180 ▶ 190℃

10 ▶ 5min

철망

2인분

- 가지 2개(300g)
- 대파 10cm
- 쥐똥고추 3개(생략 가능)
- 소금 1/2작은술
- 식용유 1큰술+1큰술(볶음용)
- 감자 전분 1큰술

깐풍소스
- 식초 1큰술
- 양조간장 1큰술
- 올리고당 1큰술
- 다진 마늘 1작은술
- 토마토케첩 1작은술
- 참기름 1작은술

1. 가지는 길이로 2등분한 후 3cm 두께로 썬다.
2. 볼에 가지, 소금을 넣고 버무려 5분간 둔다.
3. 대파는 어슷 썰고, 쥐똥고추는 2~3등분한다.
   작은 볼에 깐풍소스 재료를 넣어 섞는다.
4. 위생팩에 가지, 식용유(1큰술)을 넣고 버무린 후 감자
   전분을 넣고 흔들어 섞는다.
5. 180℃에서 10분 ▶ 섞어 190℃에서 5분간 굽는다.
6. 팬에 식용유(1큰술)를 두르고
   대파, 쥐똥고추를 넣어 중간 불에서 1분간 볶는다.
7. 깐풍소스를 넣고 끓어오르면 가지를 넣어 버무린다.

요거트 치즈소스
171p 참고

모둠 채소구이

에어프라이어에 고기 요리만 적합한 것은 아닙니다. 오히려 구운 채소를 쉽게 섭취할 수 있어 각광받기도 한답니다. 채소는 구우면 크기가 줄어들기 때문에 너무 얇거나 작게 썰지 않는 게 중요해요.

200°C

10 ▶ 10min

철망

2인분

- 모둠 채소(양파, 주키니, 가지, 당근, 버섯, 브로콜리 등) 400g
- 올리브유 3큰술
- 소금 1/2작은술
- 통후추 간 것 약간

1. 양파는 4cm 두께로 썰고, 가지, 당근, 주키니, 버섯은 1cm 두께로 썬다. 브로콜리는 사방 4cm 크기로 썬다.
2. 볼에 모둠 채소, 올리브유, 소금, 통후추 간 것을 넣고 섞는다.
3. 200℃에서 10분 ▶ 섞어 10분간 굽는다.

 Tip
브로콜리는 다른 채소들에 비해서 금방 타기 때문에 다른 채소 밑에 깔아주는 것이 좋아요.

꿀간장 두부강정

일반적인 빨간 강정소스가 아닌 꿀간장으로 버무려 담백하게 먹을 수 있는 두부강정이에요. 반찬으로도 간식으로도 좋은 영양 만점 메뉴랍니다.

190C

10 ▶ 15min

철망

2인분

- 두부 2팩
- 식용유 2큰술+3큰술
- 감자 전분 12큰술
- 소금 2작은술

꿀간장소스

- 검정깨 1/2큰술
- 꿀 4큰술
- 양조간장 2작은술
- 참기름 2작은술

1. 두부는 1.5×1.5cm 크기로 썰어 키친타월에 올린다.
2. 소금을 뿌려 10분간 둔 후 키친타월로 눌러 물기를 최대한 제거한다.
3. 위생팩에 두부, 식용유(2큰술)를 넣어 버무린 후 감자 전분을 넣고 흔들어 섞는다.
4. 식용유(3큰술)를 골고루 뿌린 후 190℃에서 10분 ▶ 섞어 10~15분간 두부가 노릇해지고 겉면의 튀김옷이 단단해 질 때까지 튀긴다.
5. 달군 팬에 꿀간장소스 재료를 넣고 끓어오르면 튀긴 두부를 넣어 버무린다.

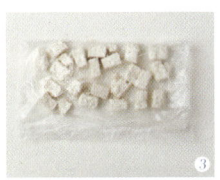

베이컨 감자뢰스티

스위스 대표 메뉴 중 하나인 감자 팬케이크. 얇게 채 썬 감자로
도톰하게 구워낸 전으로, 겉은 바삭하고 속은 쫀득한 맛이 특징이에요.
달걀프라이를 곁들이면 브런치 메뉴로도 손색이 없답니다.

180 ▶ 170℃

5 ▶ 10min

종이포일

1회분

- 감자 1개(200g)
- 베이컨 2줄
- 슈레드 피자치즈 1/2컵(50g)
- 감자 전분 1큰술
- 올리브유 2큰술

1. 감자는 최대한 가늘게 채 썰고, 베이컨은 0.5cm 두께로 썬다.
2. 볼에 모든 재료를 넣어 섞는다.
3. 종이포일에 ②를 펼쳐 올려 180℃에서 5분간 굽는다.
5. 숟가락으로 1cm 두께의 둥근 모양으로 만든다.
6. 170℃에서 10분간 노릇하게 굽는다.

게살 크림크로켓

크림 없이도 농후한 맛을 내는 크림크로켓입니다. 깊은 맛의 비결은 바로 루, 버터와 밀가루를 볶아 부드럽고 크리미한 질감을 냈답니다. 겉은 바삭 속은 촉촉하고 부드러운 맛을 즐겨보세요.

190℃

10 ▸ 5min

철망

6개분

- 크래미 6개(110g)
- 양파 1/2개(100g)
- 버터 40g
- 밀가루 5큰술(50g)+4큰술(튀김용)
- 우유 1컵(200ml)
- 달걀물 1개분
- 빵가루 3/4컵(40g)

1. 크래미는 결대로 찢는다. 양파는 잘게 다진다.
2. 달군 팬에 버터, 양파를 넣고 중간 불에서 5분간 볶는다.
3. 밀가루 5큰술을 넣고 중약 불에서 3분간 볶는다.
4. 우유를 2~3번에 나눠 넣으며 질척하게 될 때까지 볶은 후 불을 끈다.
5. 크래미를 넣고 섞은 후 볼에 옮겨 담고 냉장실에서 1시간 정도 굳힌다.
6. 6등분한 후 둥글 납작한 타원형으로 만들고 밀가루 ▸ 달걀물 ▸ 빵가루 순으로 묻힌다.
7. 190℃에서 10분 ▸ 뒤집어 5분간 노릇하게 굽는다.

◂ Tip
너무 오래 볶으면 한 덩어리가 되니 주의하세요.

할라피뇨
콘치즈딥&나초

손님 초대 요리로 좋은 메뉴. 구운 마늘 특유의 감칠맛을
느낄 수 있어요. 할라피뇨, 옥수수 등을 푸짐하게 넣어
체다 치즈소스와는 색다른 느낌을 준답니다.

200℃

5▶7min

내열 그릇

2~3인분

- 2등분한 마늘 10개분(50g)
- 할라피뇨 슬라이스 1/2컵
- 통조림 옥수수 1/2컵(75g)
- 크림치즈 175g
- 그릭요거트 1/2컵(100ml)
- 슈레드 피자치즈 1/2컵(50g)
  + 약간(토핑용)
- 파마산 치즈가루 3큰술(30g)
- 감자 전분 1작은술
- 통후추 간 것
- 올리브유 1큰술
- 나초 적당량

1. 내열 용기에 마늘, 올리브유를 넣고
   200℃에서 5분간 노릇하게 굽는다.

2. 푸드프로세서에 구운 마늘, 크림치즈,
   그릭요거트를 넣고 곱게 간다.

3. 볼에 나초와 토핑용 슈레드 피자치즈를 제외한 나머지
   재료를 모두 넣고 섞는다.

4. 내열 그릇에 옮겨 담아 윗면을 평평하게 정리한 후
   토핑용 슈레드 피자치즈를 뿌린다.

5. 200℃에서 6~7분간 노릇하게 굽는다.
   나초를 곁들여낸다.

고구마보트

아이들 영양 간식으로 좋은 고구마보트입니다. 보트 모양을 만들기 위해서는 수분이 많은 호박고구마보다는 수분이 적은 밤고구마를 사용하고, 중간 크기 이상을 사용해야 형태를 잘 유지할 수 있어요.

200°C

5min

철망

4개분

- 찐 고구마 2개
- 프랑크소시지 1개
  (또는 다른 햄, 60g)
- 다진 양파 1/5개분(40g)
- 다진 피망 2큰술
- 올리브유 1큰술
- 슈레드 피자치즈 2큰술(20g)
- 말린 허브가루 약간(생략 가능)

양념
- 슈레드 피자치즈 2큰술(20g)
- 마요네즈 1큰술
- 설탕 1/2작은술

1. 프랑크소시지는 잘게 썬다. 달군 팬에 올리브유 1큰술을 두르고 소시지, 다진 양파, 다진 피망을 넣고 중간 불에서 1분간 볶는다.

2. 찐 고구마는 2등분한 후 속을 파낸다.

3. 볼에 ②의 고구마 속살, ①, 양념 재료를 넣고 섞는다.

4. 속을 파낸 고구마에 ③을 소복하게 나눠 담고 슈레드 피자치즈를 올린다.

5. ④를 넣고 200℃에서 5분간 노릇하게 굽는다. 말린 허브가루를 뿌린다.

프리타타

간단한 주말 브런치로 손쉽게 만들기 좋은 프리타타. 냉장고에 남아있는 각종 자투리 채소가 요긴하게 사용되는 메뉴입니다. 윗면은 열선과 가깝기 때문에, 만약 색이 빨리 난다면 쿠킹포일을 덮어 충분히 익히는 게 좋아요.

150℃

30min

내열 그릇

2인분

- 감자 1/2개(100g)
- 프랑크소시지 1개(50g)
- 브로콜리 1/6개(50g)
- 방울토마토 5개
- 블랙올리브 6개(생략 가능)
- 슬라이스 치즈 1장
- 식용유 1큰술

달걀물

- 달걀 3개
- 우유 1/2컵(100ml)
- 소금 1/2작은술

1. 감자, 프랑크소시지, 블랙올리브는 0.3cm 두께로 썬다.
   브로콜리는 한입 크기로 썬다.
   방울토마토는 2등분한다.
2. 볼에 달걀물 재료를 넣고 섞는다.
3. 달군 팬에 식용유를 두르고 감자를 넣어 중간 불에서 3분간 볶는다.
4. 프랑크소시지, 브로콜리, 방울토마토, 블랙올리브를 넣고 2분간 볶는다.
5. 내열 그릇에 ④를 넣고 슬라이스 치즈를 찢어 올린 후 달걀물을 붓는다.
6. 내열 그릇을 넣어 150℃에서 20~30분간 익힌다.

Tip
꼬치로 찔러보았을 때 달걀물이 새나오지 않거나 묻어 나오지 않으면 다 익은 거랍니다.

베이컨 롤토스트

익숙한 비주얼과 아는 맛으로 유혹하는 베이컨 롤토스트입니다. 짭짤한 베이컨으로 감싼 롤토스트를 베어 물면 부드러운 달걀샐러드가 입안으로 흘러 들어오지요. 아이들 영양 간식으로도 그만이랍니다.

200℃

5 ▶ 5min

철망

4개분

- 식빵 4장
- 베이컨 4줄
- 슬라이스 치즈 4장

달걀샐러드
- 삶은 달걀 3개
- 마요네즈 2큰술(20g)
- 소금 1/2작은술
- 설탕 1작은술

1. 볼에 달걀샐러드 재료를 넣고 최대한 곱게 으깬다.
2. 식빵은 테두리를 잘라낸 후 밀대로 얇게 민다.
3. 슬라이스 치즈 ▶ 달걀샐러드 1/4 분량을 올린다.
4. 돌돌 만 후 베이컨으로 감싼다. 같은 방법으로 3개 더 만든다.
5. 200℃에서 5분 ▶ 뒤집어 5분간 노릇하게 굽는다.

아보카도 베이컨보트

아보카도, 베이컨, 메추리알의 조합으로 보는 재미와 먹는 재미가 있는 베이컨 아보카도보트입니다. 메추리알 대신 달걀을 사용한다면 아보카도의 구멍 부분을 숟가락으로 조금 더 파서 달걀이 들어갈 수 있게 해주세요.

190℃

15min

철망

1~2인분

- 아보카도 1개(200g)
- 베이컨 1줄
- 메추리알 2개
- 소금 약간
- 통후추 간 것 약간
- 말린 허브가루 약간(생략 가능)

1. 아보카도는 칼집을 넣어 반으로 갈라 씨를 제거한다.
2. 베이컨은 2등분한다.
3. 아보카도 구멍에 베이컨 ▶ 메추리알 순으로 올린 후 소금, 통후추 간 것을 뿌린다.
4. 190℃에서 10(반숙)~15분(완숙)간 굽는다. 말린 허브가루를 뿌린다.

Tip

아보카도 고정하기

아보카도는 밑 부분이 둥글기 때문에 바로 세워지지 않아요. 쿠킹포일을 구겨 링 모양을 만들어 받침대로 사용하면 아보카도를 고정할 수 있답니다.

몬테크리스토

식빵에 햄과 치즈를 켜켜이 쌓고 빵가루를 입혀 만드는 몬테크리스토도 에어프라이어에 잘 어울리는 메뉴입니다. 튀기지 않아 열량은 줄이고 바삭한 식감은 살렸어요.

180℃

7▶7min

종이포일

1개분

- 식빵 3장
- 슬라이스 햄 4장
- 슬라이스 치즈 2장
- 달걀물(달걀 1개+우유 1큰술)
- 빵가루 1/2컵(25g)
- 딸기잼 1큰술

소스
- 마요네즈 2큰술
- 허니 머스터드 1큰술

1. 식빵 3장의 한쪽 면에 소스를 나눠 바른다.
2. 식빵 ▶ 슬라이스 햄 2장 ▶ 슬라이스 치즈 1장 순으로 쌓는다.
3. 소스를 바른 면이 아래로 가도록 식빵을 올린 후 딸기잼을 바른다.
4. 슬라이스 햄 2장 ▶ 슬라이스 치즈 1장을 올린 후 소스를 바른 면이 아래로 가도록 식빵을 올린다.
5. 달걀물 ▶ 빵가루를 묻힌다.
6. 180℃에서 7분 ▶ 뒤집어 7분간 노릇하게 굽는다.

치즈 퐁듀토스트

분말 콘수프를 넣어 치즈가 더욱 주~욱 늘어나게 만든
퐁듀토스트입니다. 콘수프 대신 다른 종류의 분말 수프를 사용해도
좋아요. 뜨거울 때 먹어야 그 진가를 알 수 있는 메뉴랍니다.

180℃

10min

철망

1개분

- 식빵 2장
- 녹인 버터 2큰술
- 말린 허브가루 약간(생략 가능)
- 크러시드페퍼 약간(생략 가능)

퐁듀치즈
- 분말 콘수프 1큰술
- 우유 1큰술
- 슬라이스 치즈 3장

1. 볼에 분말 콘수프, 우유를 넣고 섞는다.
2. 슬라이스 치즈를 찢어 넣고 전자레인지에서 20~30초간 치즈가 녹을 때까지 돌린다.
3. 1장의 식빵에 ②를 펴 바르고 나머지 식빵으로 덮는다.
4. 식빵의 양쪽 면에 녹인 버터를 바른다.
5. 180℃에서 10분간 노릇하게 굽는다.
6. 말린 허브가루, 크러시드페퍼를 뿌린다.

치아바타 마르게리타

도톰하고 폭신한 식감의 치아바타로 만든 피자입니다. 마르게리타를 상징하는 토마토소스, 바질, 모차렐라치즈 등 간단한 재료만 넣어 깔끔한 맛이 좋답니다. 치아바타 대신 바게트, 포카치아 등 도톰한 빵이라면 다양하게 대체가 가능해요.

200℃

6min

철망

1개분

- 치아바타 1개
- 생 모차렐라치즈 1개
- 선드라이 방울토마토 12개
  27p 참고
- 시판 토마토소스 8근술
- 슈레드 피자치즈 1/2컵(50g)
- 바질잎 약간

1. 치아바타는 반으로 슬라이스한다.
2. 치아바타의 단면에 토마토소스를 나눠 바른다.
3. 슈레드 피자치즈를 나눠 뿌린다.
4. 생 모차렐라치즈는 손으로 큼직하게 찢어 올리고 선드라이 방울토마토를 올린다.
5. 200℃에서 5~6분간 노릇하게 굽는다.
6. 그릇에 옮겨 담고 바질잎을 올린다.

Tip 에어프라이어 용량에 따라 나눠 구워요.

크림치즈 딸기파이

식빵을 사용해 만드는 간단한 파이입니다. 뜨거워진 크림치즈와 잼이 함께 녹아 내리기 때문에 먹을 때 조심하는 게 좋아요. 잼 대신 누텔라 등 다양한 스프레드를 넣어도 색다르게 즐길 수 있답니다.

200℃

6min

철망

6개분

- 식빵 6장
- 크림치즈 12큰술
- 딸기잼(또는 다른 잼) 6큰술
- 달걀물 적당량
- 녹인 버터 3큰술

1. 식빵은 테두리를 잘라낸 후 밀대로 얇게 밀어 가장자리에 달걀물을 바른다.
2. 크림치즈 2큰술 ▶ 딸기잼 1큰술을 올린다.
3. 반으로 접어 가장자리를 포크로 꾹꾹 눌러 접착시킨다. 같은 방법으로 5개 더 만든다.
4. 앞뒤로 녹인 버터를 바른 후 200℃에서 6분간 노릇하게 굽는다.

단호박 브레드푸딩

오래되어 푸석해진 빵을 촉촉하게 먹을 수 있는 브레드푸딩입니다.
달걀과 우유를 넉넉히 넣어 부들부들한 식감이 특징이에요.
단호박 대신 고구마를 사용해도 잘 어울린답니다.

170°C

25min

내열 그릇

2인분

- 단호박(익힌 것) 200g
- 식빵 2장
- 견과류 1/2컵
- 슈거파우더 약간(생략 가능)

반죽
- 달걀 2개
- 우유 1과 1/2컵(300ml)
- 설탕 2와 1/2큰술
- 소금 1/2작은술

1. 단호박은 한입 크기로 썬다.
2. 식빵은 사방 1.5cm 크기로 썬다.
   견과류는 굵게 다진다.
3. 볼에 반죽 재료를 넣고 섞은 후 단호박, 식빵 견과류를 넣어 섞는다.
4. 내열그릇에 옮겨 담고 170°C에서 20~25분간 익힌다.
5. 한 김 식힌 후 슈거파우더를 뿌린다.

◀ Tip
꼬치로 찔러보았을 때
달걀물이 새나오지
않거나 묻어 나오지
않으면 다 익은 거랍니다.

스콘

간단한 베이킹도 에어프라이어만 있다면 금세 완성된답니다.
스콘의 경우 열선에 가까운 윗면이 색이 빨리 나는 편이기 때문에 타지 않고,
속까지 익히기 위해서는 중간에 쿠킹포일을 덮고 구워주는 것이 좋아요.

170 ▶ 160℃

10 ▶ 15min

종이포일

4개분

- 박력분 200g + 덧가루(약간)
- 베이킹파우더 5g
- 차가운 버터 50g
- 모둠 건과일 80g
- 달걀물(또는 우유) 약간

A
- 설탕 50g
- 소금 1/3작은술
- 생크림 1/4컵(50ml)
- 우유 1/4컵(50ml)

1. 작은 볼에 A의 재료를 넣어 섞는다.
2. 볼에 박력분, 베이킹파우더를 체에 내린다.
3. 차가운 버터를 넣고 버터가 작은 알갱이가 될 때까지 스크래퍼로 썰 듯 다진다.
4. 모둠 건과일, ①을 넣고 날가루가 보이지 않을 만큼 스크래퍼로 섞는다.
5. 작업대에 덧가루를 뿌리고 반죽을 올려 한 덩어리로 만든다.
6. 위생팩에 넣어 냉장고에서 30분간 휴지시킨 후 4등분한다.
7. 종이포일에 반죽을 올리고 윗면에 달걀물을 바른다.
8. 170℃에서 10분 ▶ 160℃에서 15분간 노릇하게 굽는다.

양갱 찹쌀파이

쫀득한 식감이 특징인 찹쌀파이입니다. 당절임한 콩류 대신 시판 양갱을 사용해 재료의 벽을 낮췄어요. 양갱은 단맛이 강하기 때문에 반죽은 조금 심심하게 만드는 것이 포인트랍니다.

180℃

20min

내열 그릇

2~3회분

- 찹쌀가루 1컵(건식, 130g)
- 다진 견과류 35g
- 시판 양갱 1개(55g)
- 베이킹파우더 1/2작은술
- 설탕 1과 1/2큰술
- 소금 1/2작은술
- 우유 3/4컵(150ml)

1. 양갱은 사방 1cm 크기로 썬다.
2. 볼에 모든 재료를 넣어 섞는다.
3. 틀 또는 내열 그릇에 기름(분량 외)을 바른 후 ②의 반죽을 넣는다.
4. 주걱으로 윗면을 평평하게 만든다.
5. 180℃에서 20분간 굽는다.

▲
Tip
꼬치로 찔렀을 때 묻어 나오는 게 없으면 다 익은 거랍니다.

커피너트

커피가루를 넣고 달콤, 바삭하게 구워낸 견과류입니다.
간식, 술안주, 선물용으로 좋은 메뉴지요. 갓 구웠을 때는 말랑거리는
식감이지만 완전히 식으면 설탕이 굳어 바삭하게 변한답니다.

170℃

5min

철망

3~4회분

- 모둠 구운 견과류(아몬드,
  캐슈넛, 호두, 피칸 등) 150g
- 설탕 3큰술
- 물 4큰술
- 인스턴트 커피 1g(생략 가능)
- 소금 약간

1. 팬에 설탕, 물, 인스턴트 커피, 소금을 넣고
   중약 불에서 끓인다.
2. 끓어오르기 시작하면 1분간 젓지 않고
   그대로 둬 점성이 생기게 한다.
3. 견과류를 넣고 시럽이 모두 흡수될 때까지
   중약 불에서 2~3분간 볶는다.
4. 불을 끄고 하얀 설탕 가루가 생길 때까지 섞는다.
5. 170℃에서 5분간 구운 후 펼쳐 식힌다.

스모어

에어프라이어에 구운 마시멜로는 사각한 소리와 함께 입안에서 녹아내려 농후한 단맛을 자랑합니다. 쿠키 대신 식빵에 재료를 샌드해 구우면 스모어 샌드위치가 완성돼요.

170℃

8min

종이포일

2인분

- 시판 곡물쿠키 3개 (다이제)
- 사각 판 초콜릿 1개 (28g)
- 마시멜로 10개

1. 내열 그릇에 종이포일을 깐다.
2. 곡물쿠키를 한입 크기로 부숴 올린다.
3. 판초콜릿도 한입 크기로 부숴 올린다.
4. 마시멜로를 올린다.
5. 170℃에서 8분간 노릇하게 굽는다.

tip 스모어 샌드위치 만들기

한 장의 식빵에 판 초콜릿 1/2개(14g)와 마시멜로 5개를 올리고 식빵으로 덮어요. 180℃에서 10분간 구워 완성해요.

브리치즈구이

와인과 잘 어울리는 브리치즈구이. 치즈에 구멍을 내어 구우면 꿀과 치즈가
부드럽게 녹아 내려 더욱 이색적인 맛을 내요. 크래커에 치즈를 올려 먹으면
더 풍부한 맛을 느낄 수 있어요.

170℃

8min

종이포일

1회분

- 브리치즈 1개
  (또는 까망베르치즈, 125g)
- 견과류 및 건과일 40g
- 꿀 2큰술

◀ Tip
구멍을 내야 꿀이 속으로
더 잘 스며들어요.

1. 브리치즈는 젓가락 또는 포크로 찔러 구멍을 낸다.
2. 종이포일에 ①을 올리고 윗면에 꿀 1큰술을 뿌린다.
3. 견과류와 건과일을 올리고 꿀 1큰술을 뿌린다.
4. 170℃에서 7~8분간 치즈 가장자리가 노릇해지고
   집게로 눌렀을 때 말랑할 때까지 굽는다.

아이스크림을 얹은 바나나 구이

200℃

20min

종이포일

바나나는 익혀서 먹으면 본래의 단맛이 더 강해지는 과일 중 하나예요. 시나몬 향이 물씬 풍기는 따뜻한 바나나구이에 차가운 아이스크림 얹으면 고급스러운 디저트가 완성돼요.

2인분

- 바나나 3개
- 아이스크림 1~2스쿱
  (기호에 따라 가감)

소스
- 녹인 버터 1큰술
- 꿀 2큰술
- 시나몬파우더 1/2작은술

1. 작은 볼에 소스 재료를 넣고 섞는다.
2. 바나나는 껍질을 벗기고 길이로 2등분한다.
3. 종이포일을 깔고 바나나를 올린 후 소스를 바른다.
4. 200℃에서 15~20분간 바나나의 가장자리가 노릇해질 때까지 굽는다. 이때 중간중간 소스를 바른다.
5. 구운 바나나에 아이스크림을 올려 함께 먹는다.

요리가 맛있어지는 5가지 소스

늘 먹던 요리가 조금 지겹다면 함께 먹으면 색다른 느낌을 주는 소스를 더하는 것도 팁이에요. 이 책의 각양각색의 요리와 잘 어울리는 다섯 가지 소스로 에어프라이어 요리를 풍성하게 즐겨보세요. 모든 소스는 분량의 재료를 잘 섞어만 주면 완성된답니다.

새콤한 레몬의 풍미로 상큼하게
레몬 마요소스
- 설탕 1/2큰술
- 레몬즙 2큰술
- 마요네즈 6큰술
- 레몬제스트 1큰술(생략 가능)

매콤함으로 입맛 당기게 하는
청양 마요 칠리소스
- 송송 썬 청양고추 1개
- 마요네즈 3큰술(30g)
- 스위트 칠리소스 1큰술(10g)

감튀를 부르는 향긋한 마늘향
아이올리소스

- 설탕 1/2큰술
- 레몬즙 1큰술
- 마요네즈 3큰술
- 다진 마늘 1작은술

산뜻하고 가벼운 느낌의
요거트 치즈소스

- 그릭요거트 50g
- 실온에 둔 크림치즈 30g
- 다진 마늘 1작은술
- 올리고당 2작은술
- 소금 약간

꼭 알아야 할 기본
와사비 간장소스

- 양조간장 1과 1/2큰술
- 생수 1큰술
- 식초 1큰술
- 올리고당 1큰술
- 연와사비 1/2작은술

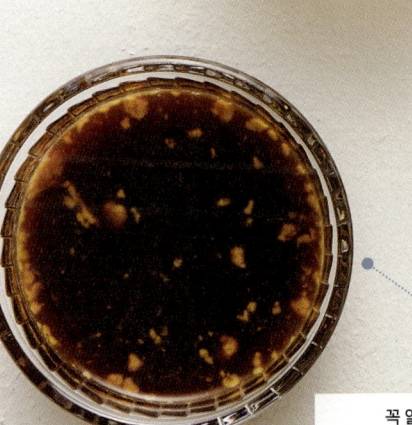

Index

ㄱ

가래떡구이	047
가리비 치즈구이	116
가자미 버터구이	096
가지깐풍기	128
갈릭버터 새우구이	108
감자튀김	033
게살 크림크로켓	136
고구마보트	140
고구마스틱	030
고추장 목살구이	072
고추절임소스를 곁들인 훈제오리구이	094
구운 견과류	025
구운 달걀	021
구운 꿀호떡	050
군고구마	022
군밤	023
굴튀김	106
꿀간장 두부강정	132

ㄴ

납작 누룽지	026
냉동 감자튀김	065
냉동 김말이튀김	061
냉동 왕교자튀김	063
냉동 용가리치킨	064
냉동 팝만두	062
누룽지 콘치즈닭	086

ㄷ

단호박 브레드푸딩	156
단호박구이	028
달걀빵	049
대파소스 고등어구이	098
데리야키 막창구이	076
두 가지 맛 튀김건빵	056
또띠아 깨칩	053

ㄹ

라면땅	055

ㅁ

마늘바게트	052
마늘칩	024
마약 옥수수	037
마요 달걀토스트	048
만두피추로스	054
멘보샤	114
명란 주먹밥구이	122
모듬 채소구이	130
몬테크리스토	148
미니 핫도그	043

ㅂ

반건조 오징어구이	059
버터구이 통닭	084
버터오징어	060
베떡베떡	046
베이컨 감자뢰스티	134
베이컨 롤토스트	144
브리치즈구이	166
비엔나소시지구이	042

ㅅ

삼치 칠리강정	100
새송이 통구이	029
생돈가스	039
선드라이 방울토마토	027
소금&유자간장 삼겹살구이	070
속 채운 고추튀김	118
스모어	164
스카치에그	120
스콘	158
스테이크화지타	082
스트링치즈스틱	045
스팸 통구이	040
스팸스틱	041
식빵러스크	051

ㅇ

아보카도 베이컨보트	146
아이스크림을 얹은 바나나구이	168
안심스테이크	080
양갱 찹쌀파이	160
양념 등갈비 떡구이	074
양송이튀김	036
어니언링	035
어묵튀김	044
연어파피요트	102
옥수수알튀김	038
웨지감자	032
인절미치킨	092

ㅈ

조개 술찜	112
주키니스틱	034
쥐포구이	057
짜조	124

ㅊ

청양 골뱅이튀김	126
치아바타 마르게리타	152
치즈 퐁듀토스트	150

ㅋ

커피너트	162
코울슬로를 곁들인 치킨텐더	090
코코넛쉬림프	110
크림치즈 딸기파이	154

ㅌ

통삼겹살구이	078
통감자 버터구이	031
통오징어구이	104

ㅍ

프리타타	142

ㅎ

할라피뇨 콘치즈딥&나초	138
허니로스트 윙&봉	088
황태까까	058

빠른 요리를 위한
에어프라이어 시간표

분류	재료	온도(℃)	시간(min)	참고 페이지(page)
육류	닭다리살(500g)	180	15▶5	092
	닭볶음탕용(1kg)	180	20▶20	086
	닭날개, 닭봉(500g)	200	10▶10	088
	통닭(1마리, 약 1kg)	200	20▶25	084
	훈제오리(500g)	180	10▶8	094
	소고기 등심(1.5cm, 400g)	200	7▶3	082
	소고기 안심(4cm, 400g)	200	9▶3	080
	돼지 등갈비(800g)	200	10▶20	074
	돼지 통삼겹살(600g)	180	20▶10▶10	078
	돼지고기 목살(0.7cm, 400g)	180	10▶5	072
	돼지고기 삼겹살(0.7cm, 450g)	200	10▶8	070
어·해산물·건어물류	가자미(1~2마리, 300g)	200	15▶5	096
	고등어(1/2마리, 150g)	180	10▶5	098
	새우(중하, 20마리, 400g)	200	10▶3	108
	가리비(9개)	200	15	116
	쥐포(2장)	200	2▶1	057
채소·견과류	고구마(중간 크기, 5개)	200	50	022
	고구마스틱(채 썬 것, 2개)	180	10▶2	030
	모둠 채소(썬 것, 400g)	200	10▶10	130
	밤(중간 크기, 20개)	200	20	023
	새송이버섯(4개)	180	5▶5	029
	웨지감자(2개, 400g)	180	15▶5	032
	통감자(3개, 600g)	200	40	031
	아몬드(150g)	160	10	025
	호두, 캐슈넛(150g)	160	8	025
스낵류	가래떡(5개)	200	10▶10	047
	건빵(90g)	170	5	056
	누룽지 만들기(200g)	180	20▶10	026
	라면 사리(2개)	180	5▶5	055
가공·냉동식품류	비엔나소시지(20개, 160g)	180	6	042
	사각 어묵(4개, 210g)	180	5▶3	044
	통스팸(1개분)	180	7▶7	040
	냉동 감자(크링클컷, 200g)	200	10▶8	065
	냉동 김말이(12개)	180	15	061
	냉동 물만두(20개)	180	15	062
	냉동 왕교자(10개)	180	17	063
	냉동 용가리치킨(10개)	180	5▶3	064
데우기 66~68p 참고	떡(냉동 보관)	160	10	068
	크로아상	170	5	068
	붕어빵	170	5	066
	후라이드치킨(냉장 보관)	180	5▶5	067
	피자(냉장 보관)	180	5	067

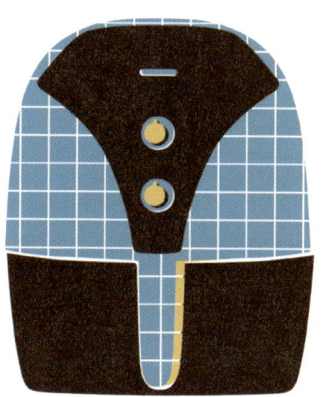

에어프라이어
레시피 100

Sticker Art Book Premium

1,000피스 이상의 스티커로 완성하는 하이 퀄리티 작품

스티커 아트북 프리미엄

• 키스 •
콘텐츠기획팀 지음
290×410mm | 12,800원

• 타워 브리지 •
콘텐츠기획팀 지음
290×410mm | 12,800원

• 아메리칸 쇼트헤어 •
콘텐츠기획팀 지음
290×410mm | 12,800원

Sticker Art Book Series

스티커를 붙이면 작품이 완성되는
신개념 컬러링북

스티커 아트북

• 네이처 •
콘텐츠기획팀 지음
76면 | 15,400원

• 명화 •
콘텐츠기획팀 지음
80면 | 15,400원

• 명화2 •
콘텐츠기획팀 지음
84면 | 15,400원

• 랜드마크 •
콘텐츠기획팀 지음
72면 | 15,400원

• 동계 스포츠 •
진완 지음
74면 | 15,400원

• 팝 아트 •
콘텐츠기획팀 지음
82면 | 15,400원

• 로맨스 영화 장소 •
콘텐츠기획팀 지음
82면 | 15,400원

Postcard Book

• 명화 엽서북 •
콘텐츠기획팀 지음
86면 | 12,000원

• 랜드마크 엽서북 •
콘텐츠기획팀 지음
86면 | 12,000원

Sticker Art Book Series for Kids

어린이를 위한 스티커 아트북 시리즈

조각 조각 스티커 아트북

• 탈것 •
20면 | 스티커 9장
7,500원

• 동물 •
20면 | 스티커 9장
7,500원

• 곤충 •
20면 | 스티커 9장
7,500원

• 공룡 •
20면 | 스티커 9장
7,500원

• 음식 •
20면 | 스티커 10장
7,500원

에어프라이어 레시피 100

초판 1쇄 발행 2019년 3월 1일
초판 12쇄 발행 2019년 9월 2일

지은이 스타일리시 쿠킹 메뉴개발팀
펴낸이 김영조
콘텐츠기획2팀 구효선, 김유진
콘텐츠기획1팀 정보영, 서수빈
디자인팀 왕윤경
마케팅팀 이유섭, 배태욱
경영지원팀 정은진
외부스태프 메뉴개발 및 검증 백운숙
푸드스타일링 스튜디오 트레이(김민호, 이혜진)
사진촬영 15스튜디오(이과용, 박상국, 이예린)
디자인 렐리시

펴낸 곳 싸이프레스
주소 서울시 마포구 양화로 7길 4-13(서교동 392-31) 302호
전화 02-335-0385
팩스 02-335-0397
이메일 cypressbook1@naver.com
홈페이지 www.cypressbook.co.kr
블로그 blog.naver.com/cypressbook1
포스트 post.naver.com/cypressbook1
인스타그램 @cypress_books
출판등록 2009년 11월 3일 제2010-000105호

ISBN 979-11-6032-054-1 13590

· 이 책은 저작권법에 따라 보호를 받는 저작물이므로 무단 전재 및 무단 복제를 금합니다.
· 책값은 뒤표지에 있습니다.
· 파본은 구입하신 곳에서 교환해 드립니다.

이 도서의 국립중앙도서관 출판예정도서목록(CIP)은 서지정보유통지원시스템 홈페이지(http://seoji.nl.go.kr)와 국가자료종합목록시스템(http://www.nl.go.kr/kolisnet)에서 이용하실 수 있습니다. (CIP제어번호 : CIP2019004421)